TWÓJ PRZEWODNIK POZYTYWNEGO ŻYCIA

KATARZYNA DOROSZ

Projekt okładki i skład
Alfa Skład Łukasz Bieszke
biuro@alfasklad.com.pl

Redakcja
Agata Gibek

Zdjęcie na okładce
Beata Izabela Jastrzębska

Rysunki
Mariusz Reszczyński

Grafiki
https://www.flaticon.com/

All rights reserved, no part of this book can be Publisher, copied or reproduced in any form without the written permission of the publisher.

Wszelkie prawa zastrzeżone. Bez pisemnej zgody autora książka ta nie może być powielana ani w częściach, ani w całości. Nie może być reprodukowana, przechowywana i przetwarzana z zastosowaniem jakichkolwiek środków elektronicznych, mechanicznych, fotokopiarskich.

Copyright © Katarzyna Dorosz

active50tv.com
active50tv - Instytut Długowieczności (facebook)

Od Autora

Od ponad dziesięciu lat zajmuję się badaniem długowieczności. Studiuję i analizuję wszystkie informacje na ten temat, by potem przekazywać je dalej, osobom takim jak Ty. Zależy mi, byś wiedział(a), że Twoje życie jest w Twoich rękach! Jeśli chcesz podnieść komfort swojego życia, czas zacząć działać – wprowadź dobre nawyki związane z aktywnością fizyczną, odżywianiem i równowagą pomiędzy pracą a odpoczynkiem.

Tego uczę podczas moich wykładów, które co roku prowadzę w Polsce oraz Stanach Zjednoczonych. Dzielę się swoją wiedzą również w radiu, mediach społecznościowych, na portalu acti50.tv oraz mojej stronie katedorosz.com. Jestem wszędzie tam, gdzie mogę motywować Cię do pracy nad lepszym życiem!

Przedstawiam Ci teraz zbiór moich przemyśleń i propozycji ćwiczeń, które będą wspierać Cię w tym, by stać się tym, kim zawsze chciałeś być. Dam Ci wskazówki, propozycje małych zmian ku dobrym nawykom!

Książka, którą masz przed sobą, podzielona jest na trzy części, a nasza współpraca z każdą z nich pozwoli Ci:

Część I – Twój Przewodnik Pozytywnego Życia
- Poprawić swoje nawyki i lepiej poznać siebie.
- Zwiększyć swoją aktywność fizyczną.
- Stać się spokojniejszą i bardziej pewną siebie osobą!
- Odkryć, że nigdy nie jest za późno, by realizować swoje pasje.
- Zredukować poziom stresu wynikający z nadmiernej pracy i złych relacji.

Część II – Nie trać energii!
- Wstać rano z pozytywną energią, dzięki której zachowasz dobry nastrój i motywację do działania przez cały dzień.
- Planować swój dzień, by zmniejszyć ilość stresu, spowodowanego sprawami odkładanymi z dnia na dzień.
- Otworzyć swoje serce na wybaczenie i rozstać się z chowanymi od lat urazami.
- Dbać o odpowiedni odpoczynek i sen.
- Stworzyć i rozwinąć swoją asertywność.
- Odnaleźć sens swojego życia, poprzez akceptację tego, kim jesteś i co masz.
- Przywrócić energię, kiedy otacza Cię rozpacz i zwątpienie.

Część III – Gimnastyka mózgu dla dojrzałych
- Zaktywizować naturalne mechanizmy rozwoju.
- Zwiększyć swoją aktywność intelektualną.
- Nabyć umiejętność relaksowania się.
- Poprawić pamięć krótko- i długotrwałą.
- Rozwinąć procesy myślowe: umiejętność jasnego formułowania myśli oraz abstrakcyjnego myślenia.
- Wpłynąć na jakość relacji z ludźmi poprzez m.in. naukę adekwatnego komunikowania się z otoczeniem, rozumienia sytuacji społecznych i rozwiązywania problemów.

Teraz jest Twój czas. Odzyskasz kontrolę nad swoim:
życiem – zdrowiem – relacjami – marzeniami

Pamiętaj – robisz to dla siebie.

Życzę Ci powodzenia w odkrywaniu siebie!
Kasia Dorosz

Jak pracować z *Przewodnikiem*?

Aby w pełni wykorzystać zawarte w niniejszym *Przewodniku* ćwiczenia, będziesz potrzebować:

1. Książki z sentencjami
Podczas pracy z *Przewodnikiem* korzystaj z książki z sentencjami, Pisma Świętego albo innej lektury, którą uważasz za wartościową. Pokażę Ci, jak cenny jest czas spędzony nad kontemplacją wartościowych treści.

Jeśli na razie nie masz pomysłu, czym karmić swojego ducha, zachęcam Cię do poznania mojej książki *101 Sentencji na każdy dzień*, dostępnej w moim sklepie internetowym Acti5o.tv.

2. Zeszytu do ćwiczeń
Przewodnik zawiera wiele cennych pytań, na które odpowiedzi warto zapisać. Ważne jest, abyś w ciągu dnia znalazł na to czas. Kiedy piszemy piórem lub długopisem, nasz mózg przetwarza informacje z większą uważnością, niż gdy po prostu nad czymś się zastanawiamy. Dzięki temu osiągniesz lepsze efekty w pracy nad swoim szczęściem!

Możesz skorzystać z przygotowanego w książce miejsca na zapiski albo zaopatrzyć się we własny notatnik.

3. Kalendarza książkowego

Na zakończenie każdego dnia zapisuj swoje przemyślenia i zaobserwowane zmiany w kalendarzu. Daj sobie czas na wprowadzenie tego nawyku. Na początek możesz pisać, czy wykonałeś wszystkie zadania określone w planie dnia. Jak się czułeś podczas ich realizacji? Co zaobserwowałeś w swoim ciele podczas ćwiczeń i kontemplacji? Może jedna z sentencji szczególnie Cię poruszyła albo chcesz zapisać to, za co jesteś wdzięczny? Zawsze pisz chociaż jedną miłą rzecz, jaka spotkała Cię w ciągu dnia.

Raz w tygodniu wracaj do tych notatek – zobaczysz dzięki nim, jak wielki postęp zrobiłeś! Pamiętaj – Twoje myśli są warte zapisania!

Plan Dnia

Poniżej przedstawiam ćwiczenia poranne i wieczorne, które już po tygodniu staną się dla Ciebie miłą rutyną.

Dzień będziesz rozpoczynać pełen motywacji i energii do działania. Rozruszasz swoje ciało i umysł. Wieczór, z kolei przyniesie Ci poczucie spełnienia i wdzięczności po owocnym dniu. Wyciszysz też swój umysł przed snem i rozluźnisz ciało.

Jeśli potrzebujesz wsparcia dla swojej motywacji, przepisz poniższe ćwiczenia na kartkę i przyklej do lustra w łazience. W ten sposób będziesz zawsze o nich pamiętać. Gdy już poszczególne kroki staną się Twoim nawykiem, kartka przestanie być potrzebna.

Rytuał poranny

1. Ćwiczenie wdzięczności
Zaraz po przebudzeniu poczuj wdzięczność. Dokończ zdania: „Jestem wdzięczny za..." albo powtarzaj tylko „Dziękuję!". Skupienie się na dobru, które Cię otacza, pomoże Ci rozpocząć dzień z radością.

2. Sentencja
Przeczytaj jedną sentencję i w ciszy się nad nią zastanów. Skup się na tym, jaką wartość wnosi w Twoje życie. Nakarm swoje serce!

3. Kontemplacja
Ustal wygodną dla Ciebie pozycję do kontemplacji. Skup się na swoim oddechu, biciu serca. Poczuj całe swoje ciało. Pozostań w ciszy przez 10 – 20 minut. Początki kontemplacji bywają trudne. Wszyscy przechodzimy przez to samo. Rozproszenie i nagły przepływ tysiąca różnych myśli – to normalne. Wraz z upływem czasu coraz łatwiej będzie Ci pozostawać w ciszy. Na stronie Acti50.tv czeka na Ciebie film: „Prawidłowy oddech". Będzie on dla Ciebie wsparciem i motywacją w dalszych ćwiczeniach kontemplacji.

4. Ćwiczenia na dobry dzień
Nakarmiłeś już swoje serce i umysł. Czas zadbać o ciało. Wykonaj ulubione ćwiczenia fizyczne. Daj znać swojemu ciału, że rozpoczął się nowy dzień. Potrzebujesz jego siły! Jeśli szukasz inspiracji, to propozycje ćwiczeń, znajdziesz również na stronie Acti50.tv

5. Afirmacje

Afirmacje to bardzo pozytywne stwierdzenia, których codzienne powtarzanie ma na Ciebie zbawienny wpływ. Dzięki nim wzrasta Twój poziom samoakceptacji, ponieważ sam dostrzegasz w sobie to, co najlepsze. Możesz powtarzać sobie codziennie: Jestem mądry! Jestem godny szacunku! Jestem wartościową osobą! Zasługuję na wszystko, co najlepsze! Do powyższych stwierdzeń dodawaj swoje własne.

Rytuał wieczorny

1. Ćwiczenia odprężające

Czas choć przez chwilę zadbać o swoje ciało. Wykonaj kilka krótkich ćwiczeń rozluźniających, aby pozbyć się napięć, które mogły pojawić się w ciągu dnia.

2. Kontemplacja wieczorna

Znajdź wygodną pozycję do kontemplacji. Wycisz swoje myśli. Skup się na oddechu. Wypuść ze swojego umysłu wszystko, co wydarzyło się przez cały dzień.

3. Uzupełnienie kalendarza

Zapisz w swoim kalendarzu dobre rzeczy z całego dnia, swoje przemyślenia na temat wykonywanych ćwiczeń oraz zmiany, jakie dzięki nim zaczynasz w sobie obserwować. Odpowiedz na pytania: Za co jestem dziś wdzięczny? Co dobrego dziś zrobiłem? Czego się dzisiaj nauczyłem? Zapisz jedną pozytywną myśl, jaka Ci się dziś przytrafiła.

4. **Wdzięczność i dobry sen**
- Zamknij dzień klamrą wdzięczności.
- Jeśli w ciągu dnia spotkały Cię problemy i trudności, powtarzaj za mną: „Panie Boże, oddaję w Twoje ręce moje problemy. Proszę, zaopiekuj się nimi, a rano daj mi odpowiednie dla nich rozwiązanie!". Bóg najlepiej zaopiekuje się Twoimi sprawami. Zostaw za sobą wszystkie kłopoty i przemyślenia.

Teraz już spokojny o wszystko, z wolną od trosk głową, wielką ufnością oraz miłością do siebie i świata – idź do łóżka. Śpij spokojnie.

Temat tygodnia

Każdy rozdział to osobny temat i choć napisałam „tygodnia" – tak naprawdę raz może Ci to zająć dwa dni, kiedy indziej dwa tygodnie. Mam prośbę: nie spiesz się! Zmiana potrzebuje czasu, a w *Przewodniku* będziemy poruszać wiele ważnych tematów, które będziesz potrzebował zgłębić i przemyśleć.

Ustal w ciągu dnia porę, kiedy w ciszy i spokoju będziesz mógł skupić się na przygotowanych przeze mnie materiałach. Pracuj nad nimi sumiennie i po kolei!

CZĘŚĆ I
ZMIANA NAWYKÓW

1. WDZIĘCZNOŚĆ

Aby rozpocząć swoją drogę ku szczęściu, czas zobaczyć… że masz je w sobie i dookoła siebie.

1. Co sprawia, że się uśmiechasz? Co jest źródłem Twojej radości? **Zapisz trzy rzeczy, które dają Ci szczęście.** Może to być spacer po lesie, czas spędzony z dobrą książką, spotkanie z życzliwymi ludźmi. Sięgaj po to jak najczęściej!

2. **Praktykuj wdzięczność.** Dopisz zakończenia zdań w zeszycie ćwiczeń:
- Jestem wdzięczny za…
- Jestem szczęśliwy, ponieważ…
- Jestem wdzięczny za ten moment, ponieważ…

3. **Czy masz wokół siebie ludzi, za których możesz być wdzięczny?** Napisz ich imiona w zeszycie, a potem wypisz, co cenisz w Waszej relacji. Na koniec, umów się z nimi na spotkanie lub zadzwoń do nich.

4. **Czy jesteś wdzięczny za swoje ciało?** Bez względu na wiek, często mamy swojemu ciału za złe, że nie jest wystarczająco sprawne i atrakcyjne. Akceptacja własnego ciała jest niezbędna do akceptacji siebie, a tym samym do bycia szczęśliwym. **Napisz trzy pozytywne myśli, które przychodzą Ci do głowy na temat Twojego ciała.**

W moim przypadku jest to:
- Jestem wdzięczna za moją skórę, bo chroni mnie przed zimnem i słońcem.
- Jestem wdzięczna za mój wygląd, bo jestem jedyna i unikalna.
- Jestem wdzięczna za moje zdrowe ciało.

5. Pamiętaj o porannym i wieczornym rytuale. Zapisz wszystko w swoim zeszycie ćwiczeń i kalendarzu.

2. WARTOŚĆ SENTENCJI

Wybierz się dzisiaj do biblioteki bądź sklepu po książkę z sentencjami. Możesz też skorzystać z przygotowanych przeze mnie *101 sentencji na każdy dzień* – znajdziesz je w sklepie Acti50.tv.

- Usiądź wygodnie w cichym i spokojnym miejscu.
- Czytając sentencje, zatrzymaj się na chwilę przy każdej z nich.
- Do jakiego z Twoich doświadczeń życiowych się odnoszą?
- Zapisz najbardziej poruszający Cię cytat na małej kartce papieru i noś ją zawsze przy sobie.

Przykładowe cytaty warte przemyślenia:
1. *To, czym jesteś, kształtuje świat, w którym żyjesz. Kiedy Ty się zmieniasz, zmienia się też świat i rzeczywistość wokół Ciebie.*

Martha Medeiros

2. *Wiek człowieka to wiek jego myśli i uczuć.*

hrabia Stanisław Tarnowski

3. *Człowiek, który się uczy – młodnieje, a który przestaje się uczyć – zaczyna się starzeć!*

autor nieznany

4. *Jeśli chcesz mieć w życiu coś, czego jeszcze nie miałeś, musisz zrobić coś, czego jeszcze nie zrobiłeś.*

Thomas Jefferson

5. *Twoje życie jest lepsze tylko wtedy, kiedy Ty stajesz się lepszy!*

Brian Tracy

6. *Umiejętność życia polega na znalezieniu złotego środka. Chodzi o równowagę pomiędzy naszymi planami, a tym co nas spotyka w rzeczywistości. Ważne jest podejmowanie odpowiednich wyborów i decyzji oraz właściwe reagowanie na fakty i wydarzenia, które nas spotykają. Skup się na optymalnym wykorzystywaniu każdej, danej nam chwili.*

autor nieznany

7. *Waż starannie myśli i słowa, które wypowiadasz. Myśl tylko pozytywnie, ponieważ Twoja podświadomość nie zna się na żartach i urzeczywistnia każdą rzecz, w którą uwierzysz.*

autor nieznany

3. POZYTYWNE NASTAWIENIE

Jeśli chcesz zmienić swoje życie, pozytywne nastawienie jest niezbędne! Da Ci ono siłę w ciężkich sytuacjach, dzięki czemu pokonasz wszelkie trudności. Czas skupić się uważniej na codziennych afirmacjach – dobrych myślach o samym sobie.

Stwórz własną listę i miej ją zawsze przy sobie, aby była dla Ciebie wsparciem. Afirmacje tworzą naszą rzeczywistość, dlatego z czasem nie będziesz jej już potrzebować. Pozytywne myślenie stanie się dla Ciebie naturalne!

Zobacz, jak wygląda moja lista – może okaże się Twoją inspiracją:
- Codziennie czuję radość i siłę do życia.
- Czuję przyjemność z wykonywania pracy, zadań i zobowiązań.
- Jestem mądrą i wartościową osobą.
- Rozsądnie rozporządzam swoim czasem.
- Mam dużo energii do życia!
- Poświęcam pełną uwagę i zaangażowanie aktualnie wykonywanej czynności oraz czerpię z niej radość.
- Zawsze znajduję czas wolny dla siebie.
- Kocham ludzi, a oni kochają mnie.
- Codziennie dbam o swoje zdrowie.
- Każdego dnia czuję się młodo.

4. JAK ZACHOWAĆ ENERGIĘ?

Temat energii niezmiennie powraca podczas moich wykładów. To naturalne – z wiekiem zauważamy, że wiele czynności zaczyna nam zajmować więcej czasu i nie raz złościmy się na siebie za brak siły do życia. Zmieńmy to! Powiem Ci, że mam kilka sprawdzonych sposób, które sprawiają, że rano wstaję z radością i do końca dnia wystarcza mi energii na to, co dla mnie ważne.

Zacznijmy od... obserwacji samych siebie. Otwórz swój zeszyt ćwiczeń i przygotuj w nim tabelkę według wzoru:

Czuję przypływ energii, gdy:	Tracę energię, gdy:

Wymień wszystko, co przyjdzie Ci na myśl!
Teraz już wiesz, jak zachować energię? Pilnuj, by w ciągu dnia pojawiało się jak najwięcej rzeczy, które dają Ci energię – masz już ich pełną listę. Jednocześnie po kolei eliminuj ze swojego życia to, co Ci ją odbiera.

Mam dla Ciebie jeszcze kilka rad:
1. Zaczynaj dzień od radosnego okrzyku: „To będzie piękny dzień!".
2. Praktykuj afirmacje – już wiesz, jak to robić!
3. W ciągu dnia znajdź czas na chwilę ciszy. Pomoże Ci w tym ograniczenie telewizji i czasu spędzonego przed komputerem. Pamiętaj: używaj telefonu do dzwonienia, a nie przeglądania mediów społecznościowych!
4. Myśl pozytywnie.
5. Naucz się wyznaczać cele. Będziemy nad tym wspólnie pracować.
6. Spędzaj czas z wartościowymi ludźmi.
7. Kiedy masz spadek energii, zrób coś pobudzającego – na mnie najlepiej działa zimny prysznic – gwarantuję natychmiastową poprawę!

5. WYZNACZ CEL!

Jeśli do tej pory miałeś problem z realizowaniem swoich celów, to poniższe wskazówki na pewno Ci pomogą.

Cztery wskazówki dotyczące wyznaczania celów

1. **Podziel duży cel na kilka mniejszych**
Korzystając z tego *Przewodnika*, masz na pewno jeden cel – zdrowe i szczęśliwe życie. Jest on duży i ambitny, dlatego wspólnie dzielimy go na małe kroki: najpierw wprowadzamy naukę wdzięczności i pozytywnego myślenia. Dzięki temu masz siłę i zapał do dalszej pracy nad sobą. Teraz uczysz się, jak wyznaczać cele, by je osiągać. Dzięki małym krokom i zapisywaniu swoich myśli w kalendarzu widzisz swoje sukcesy. Nie ma tu miejsca na zniechęcenie!

2. **Nagradzaj siebie**
Pozytywna informacja zwrotna sama w sobie jest nagrodą. Podziel się swoimi osiągnięciami z życzliwymi dla Ciebie ludźmi. Możesz też wysłać do mnie e-mail, opowiadając o tym, co udało Ci się osiągnąć. Może pierwszy raz odbyłeś medytację? Warto to uczcić!

3. **Zmień podejście do wyzwań**
Ciągle będę Cię zachęcać do aktywności fizycznej. Jeśli jednak chcesz biegać, ale myślisz, że nie masz na to siły to... wyjdź na spacer. A może zacznij od nordic walking? Zobacz czy w Twoim

mieście są organizowane wspólne wyjścia. Twoje ciało będzie Ci wdzięczne. Zmień podejście do wyzwań!

4. Użyj przypomnień wizualnych
Trzymaj w widocznym miejscu zdjęcie tego, co chcesz osiągnąć. Chcesz zdrowo się odżywiać? Przywieś na lodówce fotografię pełną warzyw i owoców. Chcesz być codziennie szczęśliwy? Zrób sobie uśmiechnięte zdjęcie, aby przypominało Ci, że to jest możliwe!

Opracuj w zeszycie ćwiczeń swój obecny cel według tych kroków!

6. CZY MASZ SILNĄ WOLĘ?

Nawet najlepiej rozpisany cel nie ma szansy na zrealizowanie bez wsparcia Twojej silnej woli. Wspólnie zastanówmy się, dlaczego do tej pory miałeś trudność z dbaniem o swoje zdrowie.

Szczerze zastanów się nad odpowiedziami na poniższe pytania i zapisz je w zeszycie:

1. Czy mam barierę przed zdrowym odżywianiem?
Z czego ona wynika? Może nie masz pomysłów na smaczne przekąski albo zdrowe odżywianie kojarzy Ci się tylko z drogą żywnością organiczną?

2. Dlaczego nie utrzymuję właściwej wagi? Jaka jest PRAWDZIWA przyczyna?
Może to codzienny brak ruchu albo błędne myślenie: „Jestem za stary, nie muszę już o siebie dbać"? Może ćwiczenia lubisz oglądać tylko w telewizorze?

3. Jak do tej pory wyglądała moja aktywność fizyczna? Jakie mam nawyki ruchowe?
Pamiętaj! Aktywność fizyczna to nie tylko codzienne ćwiczenia. To również spacer czy wybór schodów zamiast windy.

4. Jak nawadniam swój organizm?
Czy pijesz odpowiednią ilość wody w ciągu dnia? A może zastępujesz ją kawą?

5. Jak wygląda mój sen?
Zastanów się, czy Twoje zmęczenie nie wynika z braku wyciszenia przed snem.

Gdy znamy już przyczyny, w dalszych rozdziałach, będziemy mogli znaleźć na nie rozwiązanie! A może już teraz widzisz możliwość zmiany? Zapisz ją i od razu wprowadź w życie.

7. PAMIĘTAJ – BĄDŹ SOBĄ!

Choć wspólnie działamy, by zmienić Twoje życie na lepsze – pełne energii i szczęścia, to wiedz jedno – JESTEŚ WARTOŚCIOWY TAKI, JAKI JESTEŚ!

Jesteś diamentem, który potrzebuje jedynie oszlifowania. Pozbądź się więc tego, co utrudnia Ci życie i bądź sobą w pełni! Podczas dzisiejszych ćwiczeń będziesz odkrywał siebie.

1. Przeczytaj poniższe zdania i napisz, które i dlaczego przemawiają do Ciebie najbardziej:

Wszystko zaczyna się od myśli:

Życie składa się z tego, o czym człowiek myśli przez cały dzień.
Ralph Waldo Emerson

To, co myślimy, determinuje to, kim jesteśmy. To, kim jesteśmy, decyduje o tym, co robimy:

Działania ludzi są najlepszymi interpretatorami ich myśli.
John Locke

Nasze myśli określają nasze przeznaczenie. Nasze przeznaczenie określa nasze dziedzictwo:

Jesteś dzisiaj tam, gdzie przeniosły Cię myśli. Będziesz jutro tam, gdzie przyjdą Ci do głowy.
James Allen

Nic nie jest tak kłopotliwe, jak obserwowanie czyjegoś sukcesu, o którym mówisz, że nie da się go zrobić.
Ralph Waldo Emerson

2. Poświęć czas na przemyślenie swojego życia duchowego:
- Jakie są Twoje wartości?
- Co jest dla Ciebie najważniejsze w życiu?
- Czy kierujesz się tym na co dzień? Opis swoje myśli.

3. Bazując na odpowiedziach do ćwiczeń z rozdziału szóstego, stwórz listę rzeczy, które chciałbyś zmienić w sobie na lepsze. Zrób to na czystej kartce, którą później podpiszesz swoim imieniem i datą, składając tym samym deklarację: „Tak, taki będę się stawał!".

Pamiętaj o porannym i wieczornym rytuale. Zapisuj wszystko w swoim zeszycie ćwiczeń i kalendarzu.

8. ODPORNOŚĆ PSYCHICZNA

Warto skupić się na swojej odporności psychicznej. To dzięki niej możesz m.in. cieszyć się dłużej dobrym zdrowiem, czerpać więcej satysfakcji ze swoich codziennych zadań, czy mieć większy dystans do samego siebie i ludzi wokół Ciebie.

Aby wzmacniać swoją odporność psychiczną, pamiętaj:

1. Podstawą jest zaangażowanie!
Im bardziej jesteś zaangażowany w swoje działania i cele, które chcesz osiągnąć, tym chętniej i łatwiej konfrontujesz się z trudnościami.

2. Twórz cele możliwe do realizacji
Każdy zrealizowany cel wzmacnia Twoją psychikę. Jest to prosty komunikat: Udało się! Mogę osiągnąć to, co zaplanuję! Mam w życiu cel!

3. Bądź asertywny
Asertywność, to nie tylko umiejętność mówienia „nie". To przede wszystkim sztuka wyrażania swoich potrzeb, które wspierają rozwój Twojego ducha.

4. Bądź empatyczny
Pełne miłości spojrzenie na siebie i innych ludzi sprawia, że stajemy się silniejsi.

Podczas dzisiejszej pracy z zeszytem ćwiczeń stwórz listę swoich osiągnięć. Możesz korzystać z tego, co już wydarzyło się w trakcie kursu, np.:
- Byłem na spacerze zamiast oglądania telewizji.
- Kolejny dzień zapisuję moje pozytywne myśli w kalendarzu.
- Dzisiaj pracowałem, by być... (wpisz to, co zmieniasz w sobie na lepsze z listy stworzonej podczas ćwiczenia z rozdziału siódmego).

Powiększaj codziennie swoją listę osiągnięć.

9. MOTYWACJA TO STYL ŻYCIA

Motywacja to styl życia w oparciu o swoje własne prawa i o to, jak chcesz funkcjonować. To Ty ustalasz, jak chcesz żyć – to Twój cel. Mam dla Ciebie moje sprawdzone sposoby wzmacniania motywacji:

1. **Skup się na uczuciach**
Wyobraź sobie uczucia, jakie będą Ci towarzyszyć, kiedy osiągniesz cel. Szczęście? Duma? Radość? Żyj nimi już teraz!

2. **Zmieniaj słowo „muszę" na „chcę"**
Przykładowo, jeśli cenisz czystość, to „chcesz" umyć naczynia, bo to lubisz – zrobisz więc to bez wysiłku, automatycznie. Używanie słowa „muszę" samo w sobie bywa zniechęcające.

3. **Spraw, by cel był atrakcyjny**
Atrakcyjnego celu nigdy nie odłożysz na później, ponieważ masz zbyt wielką ochotę zrobić to już teraz! Na przykład jeśli skojarzysz prasowanie z ulubioną muzyką, do której prędzej czy później będziesz podrygiwać, to okaże się, że nie musisz specjalnie męczyć się z wykonaniem tej czynności.

4. **Skup się na swoich wartościach**
Określ, co Ty konkretnie będziesz miał po osiągnięciu swojego celu. Jakie kryją się w nim wartości? Jak będzie wyglądać wtedy Twoje życie? Poczuj to, a zrozumiesz, że praca dla siebie samego jest największą motywacją.

Rozpisz w zeszycie ćwiczeń swój cel według moich rad!
- Czego chcę?
- Jaką wartość da mi realizacja celu?
- Co sprawi, że mój cel stanie się atrakcyjny?

10. POCZUCIE WŁASNEJ WARTOŚCI

Wiele osób ma problem z poczuciem własnej wartości. Często wynika, to z nazbieranych przez całe życie ran, przeżytych zawodów i zawiedzionego zaufania.
Dzisiejsze zadania będą docierać prosto do Twojego serca. Najpierw znajdziesz tam uzdrowienie, a dopiero później ruszysz, by zbudować swoje poczucie wartości oparte na godności i szacunku.

1. Napisz list do swoich rodziców
Na naszym poczuciu własnej wartości rodzice odbili niezatarty ślad. Podziękuj im za wszystko, co dobrego Ci dali. Choć może być to trudne, napisz w liście wszystko, co chciałbyś im powiedzieć, nawet jeśli nie masz już ku temu okazji.

Jeśli to Ci pomoże, możesz później ten list podrzeć i wyrzucić.

2. Wybaczenie
Zastanów się wobec kogo masz w swoim sercu żal. Napisz w swoim zeszycie ćwiczeń imię takiej osoby, a obok opisz sytuację, która sprawiła Ci przykrość.

Sięgnij po wybaczenie – ono jest Ci bardzo potrzebne, by pójść dalej.

Zastanów się:
- Co dalej zrobić z tą relacją?
- Może to czas, by z niej zrezygnować?

- Może zrobić miesięczną próbę, by przekonać się, co będziesz później czuć?
- Może nadeszła pora, by podczas szczerej rozmowy uleczyć waszą relację?

3. Język miłości
Kiedy ostatni raz powiedziałeś ukochanej osobie o swoim uczuciu do niej? Czy ważni dla Ciebie ludzie wiedzą, jakie miejsce zajmują w Twoim życiu? Kiedy z nimi o tym ostatnio rozmawiałeś?

Wiem, jak trudne były to zadania. **Jesteś naprawdę odważny!**

11. CZYM JEST EMPATIA?

Kierując się empatią, przyjmujemy to, co dzieje się z drugą osobą albo nami samymi. Nie oceniamy i nie krytykujemy. Po prostu rozpoznajemy emocje i dajemy znać: „Tak, widzę Cię takim, jaki jesteś!". Otwieramy serca na siebie i innych ludzi.

Empatia jest paliwem dla bliskości.
Brené Brown

Jak rozwijać własną empatię?
Skup się na swoim najbliższym otoczeniu. Pomyśl o swoich sąsiadach oraz ludziach, których mijasz codziennie na ulicy. Pamiętaj! **Wszyscy jesteśmy jedną wielką rodziną.** Mamy te same problemy i te same pragnienia.

Za każdym razem, gdy masz poznać nową osobę, pomyśl sobie, że jest ona członkiem Twojej rodziny. Wtedy bez znaczenia będzie kolor skóry, ubiór, przekonania. **Zobacz, kim jest naprawdę.** Dostrzeż, że na pewnym poziomie wszyscy jesteśmy tacy sami.

Idąc dalej, **zacznij postrzegać wszystkie istoty żyjące jako równe Tobie.** Mimo że różnimy się niesamowicie, wszyscy otrzymaliśmy dar życia i mamy wspólny dom – Ziemię.

Czas otworzyć się na ludzi, których do tej pory nieświadomie traktowałeś jako obcych. **Swoim podejściem zaczniesz** pokazywać innym, że mogą zrobić to samo. Dzięki temu Ziemia stanie się dla nas wszystkich przyjaźniejsza.

Rozwijaj empatię wobec siebie!
Skup się na tym, czego potrzebujesz – czytaj, tańcz, zapisuj swoją historię. Bądź pozytywnie nastawiony do życia. Świętuj małe sukcesy – zapisuj je codziennie i pod koniec tygodnia celebruj wszystko, co osiągnąłeś!

12. WYBACZENIE

Gdy już wiesz, jak ważne jest empatyczne podejście do siebie i świata, czas wrócić jeszcze na chwilę do wybaczenia. Z nową otwartością wróć do swojego serca i pamiętaj:

Bóg jest miłością, Bóg jest prawdą. Kiedy osądzasz stworzenie Boże, osądzasz Stwórcę.

Zapisz w swoim zeszycie ćwiczeń dokończenia poniższych zdań i zakończ dzisiejszy dzień z pokojem w sercu:

1. Wybaczam sobie
Wybaczam sobie myśli, o moim ciele...
Wybaczam sobie myśli, że moje życie nie jest...
Wybaczam sobie myśli, że moje życie jest...
Wybaczam sobie myśli, że w moim życiu nigdy nie spotkała mnie...

2. Wybaczam – rodzice
Wybaczam swojej mamie/tacie, że...
Wybaczam sobie, że myślałem o mojej mamie/moim tacie...
Wybaczam sobie, że nie doceniałem w mojej mamie/moim tacie...

W pełni rozumiem i akceptuję, że moi rodzice robili to, co uważali za najlepsze dla mnie. Wyrażali miłość do mnie, tak jak potrafili najpiękniej.

3. Wybaczam – bliscy
Wybaczam mojej siostrze/bratu/partnerowi/przyjacielowi...

13. SKUTECZNE TECHNIKI MOTYWACYJNE

Chcę, żebyś nie tracił zapału do pracy. Twoje życie jest tego warte!

Zdradzę Ci teraz moje skuteczne techniki motywacyjne:
1. Wyznaczaj sobie małe i osiągalne cele.
2. Planuj precyzyjnie – nie miej wątpliwości, co jest Twoim prawdziwym celem!
3. Zawsze miej gotowy plan B – choć będziesz pracował z całych sił, zawsze mogą pojawić się niezależne od Ciebie okoliczności. Plan B to Twój sposób na walkę z nimi.
4. Miej zawsze gotową listę korzyści, jakie przyniesie Ci realizacja Twoich planów – to Twoja niezawodna motywacja.
5. Wizualizuj swój sukces. Możesz skorzystać z metody 10 minut – tyle czasu poświęć codziennie na wyobrażenie sobie, jak osiągasz swój cel.
6. Bądź pozytywnie nastawiony do wszystkiego, co robisz.
7. Słuchaj motywującej muzyki, która z rana będzie uskrzydlać Cię do działania.
8. Celebruj małe sukcesy – nagradzaj siebie za każde małe wykonane zadanie.

Sprawdź, czy Twój obecny cel spełnia wszystkie powyższe punkty. Jeśli czegoś w nim brakuje, to idealny moment, by to dopisać.

14. BĄDŹ ZE SOBĄ W KONTAKCIE

Gratuluję Ci! Wykonałeś sporo pracy na drodze ku szczęśliwemu i pełnemu siły życiu. Jeśli miałabym Cię zostawić z jedną myślą na zakończenie tej części książki, to będzie właśnie: „Bądź ze sobą w kontakcie". **Słuchaj tego, co mówi Twój umysł, serce i ciało. Reaguj na to!**

Wybierz się dziś na spacer, aby móc pobyć chwilę sam na sam na łonie natury. Przemyśl podczas chodzenia, a po powrocie do domu zapisz, odpowiedzi na poniższe pytania:
1. Kto jest ważny w moim życiu?
2. Kto czyni moje życie lepszym?
3. Co w sobie lubię?
4. Jakie są moje najmilsze wspomnienia?
5. Jaka jest moja ulubiona książka?

Często powtarzam:

Wiele osób może mieć moją uwagę, ale tylko ktoś wyjątkowy może skraść moje serce.

Bądź kimś wyjątkowym dla siebie!

Powtórz: Wezmę się do tego teraz. Mam przecież najlepsze lata swojego życia przed sobą.

TWÓJ PRZEWODNIK pozytywnego życia

15. NIE TRAĆ ENERGII NA NISKĄ SAMOOCENĘ!

Sztuka samoakceptacji w dużej mierze polega na poznawaniu samego siebie. Aby być wyrozumiałym musisz rozumieć, dlaczego myślisz, czujesz, działasz i zachowujesz się tak, a nie inaczej.

Jeszcze niedawno nie znałeś samego siebie. Dzisiaj, pracując z tym *Poradnikiem*, przeszedłeś już dużą część tej drogi. Nie rozumiałeś, dlaczego brakuje Ci motywacji, czemu znowu opanowały Cię silne emocje oraz z jakiego powodu trudno nawiązywać Ci nowe znajomości. Teraz znasz już siebie lepiej.

Przejrzyj swój zeszyt ćwiczeń i kalendarz z zapiskami z ostatnich tygodni. To wszystko osiągnąłeś Ty sam.

Teraz czas, by przestać marnować energię na swojego wewnętrznego krytyka, który hamuje Twoje działania.

Zastanów się nad odpowiedziami na poniższe pytania i zapisz je w zeszycie:
1. Jak zmieni się moje życie, gdy stanę się osobą optymistyczną, radosną i pełną nadziei? Jak będę się czuć, gdy osiągnę ten cel?
2. Jak zmieni się moje życie rodzinne, kiedy ja się zmienię?
3. Co najłatwiej włączyć w moje życie? Optymizm, nadzieję, radość? Dlaczego?

Przemyśl i dokończ zdania:
1. Przyznaję, że miałem trudności z optymizmem/radością w przeszłości, ponieważ...
2. Wyznaję, że miałem trudności z dawaniem nadziei w przeszłości, ponieważ...

16. *CARPE DIEM* – CHWYTAJ ŻYCIE

Nim przejdziesz do drugiej części *Przewodnika*, uczcijmy to, co osiągnąłeś do tej pory. Chcę Cię zostawić z kilkoma rzeczami, których wykonanie możesz potraktować jako nagrodę za trud, jaki włożyłeś w poprawę komfortu swojego życia.

1. Zrób sobie detoks
Codziennie rano pij szklankę wody na czczo. Może to być woda z cytryną albo ze szczyptą kurkumy i łyżką miodu. To wspaniały zastrzyk energii!

2. Znajdź czas na relaks:
- Zrób sobie przyjemny masaż stóp.
- Weź długą, ciepłą kąpiel przy relaksującej muzyce.
- Stwórz własne miejsce do relaksacji – otocz je ulubionymi kolorami i kwiatami.

3. Zaplanuj czas na ciszę:
- Utrzymuj równowagę wewnętrzną – pamiętaj o codziennej kontemplacji.
- Szukaj czasu, by być ze sobą w kontakcie.

Pamiętaj, proszę, o rytuale porannym i wieczornym.
Niech zostanie już z Tobą na zawsze!

CZĘŚĆ II
NIE TRAĆ ENERGII!

1. ENERGIA A STRES

Czym jest energia, jaką mamy w sobie?
Jeśli mamy pracować nad zachowaniem energii, najpierw ustalmy, czym ona właściwie jest. Energia to życie. Optymalny jej poziom w sferze fizycznej, psychicznej i emocjonalnej daje poczucie dobrostanu. W miarę starzenia się, różnego rodzaju dysfunkcje odbierają nam energię życiową. Powinniśmy więc nią dobrze gospodarować i nauczyć się ją odnawiać. Krok po kroku pokażę Ci, jak to robić.

Jak stres wpływa na naszą energię?

Stresem nie jest to, co się człowiekowi przydarza, lecz to, w jaki sposób wewnętrznie reaguje na rozmaite sytuacje.

Jeśli ta negatywna reakcja na jakąś sytuację jest długotrwała i zbyt intensywna, wtedy wpływa wyniszczająco nie tylko na nasz organizm, ale również powoduje wiele napięć nerwowych. Stres może być tym, co błyskawicznie wypala Twoją energię. Mam jednak dla Ciebie kilka sposobów, jak przywrócić właściwą równowagę psychiczną:

1. Oddychaj
Warto nauczyć się głęboko i poprawnie oddychać, co pozwoli Ci wyciszyć myśli i ukoić nerwy.

2. Bądź aktywny
Wystarczy poświęcić jedynie 30 minut dziennie, np. na spacer lub poranną gimnastykę, by zmniejszyć poziom kortyzolu, zwanego hormonem stresu. Pamiętaj, że ważna jest systematyczność.

3. Spotykaj się z przyjaciółmi
Możesz się wówczas zrelaksować, opowiedzieć o swoich problemach i wspólnie poszukać sposobów ich rozwiązania.

Ćwiczenie:
Zrób listę wszystkich spraw, które powodują, że odczuwasz intensywny stres. Poświęć czas, by poszukać rozwiązania tych problemów. **Zapisuj wszystkie, nawet abstrakcyjne pomysły.** Następnego dnia przejrzyj listę jeszcze raz i zobacz, co realnie możesz zrobić. **Poproś o wsparcie życzliwe Ci osoby.** Sprawy, na które nie masz wpływu, oddaj pod opiekę Bogu. Na koniec idź na długi, odprężający spacer.

Część II

2. POZYTYWNE NASTAWIENIE DO ŻYCIA

Wiesz już, jak poradzić sobie z bardzo stresującymi sytuacjami, w które byłeś uwikłany. Jak jednak nie dopuścić do pojawienia się nowych? Kiedy tworzysz czarne scenariusze i martwisz się o przyszłość, sam z siebie wysysasz energię. Ciągłe narzekanie działa negatywnie na Twoje samopoczucie i zdrowie, zabiera Ci codzienną radość i siły, których potrzebujesz w ciągu dnia. Czas zamknąć tę spiralę czarnych myśli i zmartwień!

Zadbaj o zdrowy optymizm i dbaj o higienę umysłu – zapewni Ci to odpowiednie pokłady energii. Dzięki nim, nawet w trudnych sytuacjach, na które nie masz wpływu, nadal będziesz czerpać radość z życia.

Ćwiczenia:
1. Wypisz trzy afirmacje, które pomagają Ci pozytywnie myśleć o życiu. Dodaj je do listy afirmacji, które powtarzasz co rano. Radość życia pomagają mi zachować te zdania:
   - Zasługuję na wszystko, co najlepsze.
   - Jestem swoim najlepszym przyjacielem.
   - Jestem pozytywna, zdrowa, szczęśliwa – taka, jaka jestem.

2. Wypisz trzy pasje, które chciałbyś rozwijać w swoim życiu.

Pamiętaj!
Nigdy nie jest za późno na znalezienie własnych zainteresowań. Ja na przykład mam 50 lat i dalej chcę rozwijać w moim życiu

miłość do tańca, podróży oraz inspirować zdrowym stylem życia i pogodą ducha osoby takie jak Ty.

3. Napisz, kiedy ostatnio nauczyłeś się czegoś nowego, bo sam tego chciałeś, i co to było? Jak się wtedy czułeś?

Czy widzisz już związek między pozytywnym nastawieniem do życia a rozwijaniem swoich pasji i zdobywaniem wiedzy? **Wszystkie aktywności, które podejmujemy z własnych chęci, dają nam radość życia, zwiększają poczucie własnej wartości i są wspaniałym, pozytywnym zastrzykiem energii.**

3. PLANOWANIE KROK PO KROKU

Nasze ostatnie ćwiczenie doprowadziło Cię do momentu, w którym myślisz: „Chcę działać! Chcę żyć!". To wspaniale. **Pewnie szukasz teraz czasu na rozwijanie swoich pasji. Pomoże Ci w tym dobre planowanie.** Dzięki niemu będziesz robić dokładnie to, co zapewnia Ci odpowiednią energię.

Polecam planowanie codziennie, tygodniowe, miesięczne, kwartalne i roczne. Teraz omówimy trzy pierwsze sposoby planowania i wprowadzimy je w życie. Do planowania kwartalnego i rocznego wrócimy jeszcze w kolejnych *Przewodnikach*. **Na razie chcę, żebyś poczuł się pewnie w planowaniu swojej codziennej egzystencji – to pierwszy krok do zmiany.**

Planowanie codzienne
Co wieczór stwórz plan na następny dzień.

O której wstaniesz? Kiedy poświęcisz czas na Rytuał Poranny, Wieczorny i Temat Tygodnia? Zaplanuj czas na ulubioną aktywność fizyczną oraz przygotowanie zdrowego i smacznego posiłku.

Teraz zapisz swoje pozostałe zadania na kolejny dzień – możesz ustawić je według czasu wykonania lub priorytetu (najważniejsze na samej górze listy).

Miej **otwarty kalendarz w widocznym miejscu**, tak by móc w ciągu dnia sprawdzać, czy pamiętasz o najważniejszych dla Ciebie sprawach i stopniowo skreślać to, co już zrobiłeś.

Pamiętaj!
Nie musisz planować każdej minuty swojego życia. W planowaniu chodzi o to, by znaleźć czas na rzeczy, które są dla Ciebie ważne. Na nich się skup. Jeśli jakichś spraw nie zamknąłeś danego dnia, przenieś je od razu na kolejne dni w kalendarzu.

Planowanie tygodniowe
W niedzielę wieczór poświęć czas na zobaczenie całego przyszłego tygodnia z lotu ptaka. **Zapisz wszystkie wydarzenia, które będą miały miejsce w nadchodzących dniach:** spotkanie w Klubie, wizytę u lekarza, spotkanie z bliskimi osobami. **Zastanów się też, w jakie dni chciałbyś poświęcić czas na rozwijanie swoich pasji.** Jeśli np. jesteś miłośnikiem ogrodów, sprawdź prognozę pogody, by zaplanować pracę w dni ciepłe i słoneczne. Z kolei, jeśli uwielbiasz czytać książki, zobacz, czy to nie czas by wybrać się po nową lekturę do biblioteki lub księgarni.

Planowanie miesięczne
W przypadku planowania miesięcznego zachęcam Cię do powieszenia w widocznym miejscu na **ścianie kalendarza z kartkami poszczególnych miesięcy i miejscem na krótkie notatki.**

Ten kalendarz będzie Ci służył jako **wyznacznik najważniejszych wydarzeń.** Zapisuj w nim **na bieżąco** to, co najistotniejsze: godzinę, termin, miejsce spotkania oraz informację, czego ma ono dotyczyć. Tutaj również odnotuj swoje stałe zajęcia. Jeśli chodzisz na cykliczne spotkania lub ćwiczenia w grupie – zapisz je.

Dzięki temu, umawiając się np. na odwiedziny u znajomych, masz jedno miejsce, w którym widzisz wszystkie swoje spotkania i aktywności.

Ćwiczenie:
1. Zaplanuj swój najbliższy dzień, tydzień i miesiąc. Teraz już wiesz jak!
2. Zaplanuj, co chcesz zrobić w ciągu najbliższego miesiąca dla siebie, rodziny i domu. Napisz wszystko na osobnej liście i uwzględniaj w planie miesięcznym, tygodniowym i codziennym.

Kiedy zaczniesz trzymać się obranego planu, zobaczysz, jakie to przyjemne. Poczujesz się zorganizowany i uporządkowany wewnętrznie. Będzie to miało wpływ na całe Twoje życie – lepsze samopoczucie, kontakty z bliskimi, niespodziewany przypływ energii. **Teraz możesz poczuć, że to Ty panujesz nad swoim życiem, które toczy się tu i teraz.**

4. TWOJA MOTYWACJA

To, co motywuje mnie do planowania, dbania o swoje ciało i umysł, to radość, jaka pojawia się każdego dobrze przeżytego dnia. Prawda jest taka, że – tak samo jak wszystkich – nachodzi mnie zniechęcenie, zmęczenie i nękające pytania: „Po co to wszystko? Jaki jest w tym sens?". **Kiedy czuję spadek energii, wiem, że czas popracować nad swoją motywacją.** To dzięki niej mogę ciągle cieszyć się pełnią siły.

Przetestuj moje sprawdzone metody motywacyjne:

1. Wypełnij swój dom muzyką
Wybierz muzykę, którą lubisz. Niech będzie energiczna i pełna radosnych dźwięków. Świadomie wybierz taką muzykę, wobec której nie możesz przejść obojętnie. Zacznij ją nucić lub lekko kołysać się w jej takt. Poczuj się swobodnie.

2. Zaprzyjaźnij się z terapią śmiechem
Czy wiesz, że Twój mózg nie potrafi rozróżnić, czy śmiejesz się naprawdę, czy Twój uśmiech jest wymuszony? Skorzystaj z tego! Stań przed lustrem i uśmiechnij się do siebie. Możesz również z każdym wydechem robić krótkie „ha ha ha", aż śmiech sam popłynie. Wydaje Ci się to trudne? Praktyka czyni mistrza, a śmiech rozładuje całe napięcie Twojego ciała i... przyniesie radość motywującą Cię do działania.

Teraz, gdy już czujesz odprężenie w swoim ciele i lekkość ducha, przejrzyj swój zeszyt ćwiczeń i kalendarz. Zobacz, jakie cele postanowiłeś osiągnąć i dlaczego. Wyobraź sobie, jak będziesz się czuć, gdy zrealizujesz to, co jest dla Ciebie ważne.

Pamiętasz ćwiczenie z pierwszej części książki, gdy zapisywałeś małe sukcesy z całego tygodnia? Niech staną się one Twoją zachętą do przeżycia kolejnych dobrych dni. Zapisz w kalendarzu, jak się dziś czułeś, pracując nad swoją motywacją.

5. AKCEPTACJA

*Rób to, co możesz, przy pomocy tego,
co masz, i tam, gdzie jesteś.*

Theodor Roosevelt

Nie na wszystko mamy wpływ i pewne sprawy trzeba zaakceptować. Szkoda Twojej energii na walkę z wiatrakami, gdy możesz ją wykorzystać na poprawę swojego życia.
Zaakceptuj życie takie, jakie jest, i ciesz się miejscem, w którym jesteś. Jeśli nie tolerujesz czegoś – sprawdź, czy możesz to zmienić.

Uwierz we własne siły oraz znajdź własny rytm.

Ćwiczenia:
1. Stwórz listę w zeszycie ćwiczeń.
Wypisz wszystkie rzeczy, które ciężko Ci zaakceptować. Zwróć uwagę, żeby były to sprawy dotyczące Twojej codzienności. Może jesteś chory i każdy dzień to kolejna porcja leków? Może czujesz się samotny?

2. „Rób to, co możesz, przy pomocy tego, co masz".
Zapisz wszystko, co przyjdzie Ci do głowy, co może Ci pomóc w zmianie Twojej sytuacji.

3. „Rób to, co możesz (...), tam, gdzie jesteś".
Zastanów się i napisz, jak możesz lepiej wykorzystać miejsce, w którym mieszkasz? Poniżej pokazuję Ci wybrany przeze mnie przykład:

Moja sytuacja	Co mogę zrobić?
Mieszkam sam i nie mam żadnych bliskich przyjaciół.	Pokochać siebie i polubić swoje towarzystwo (akceptacja). Poznać moich sąsiadów. Sprawdzić, czy w moim mieście są Kluby lub UTW. Wyjść do biblioteki lub parku i porozmawiać z napotkaną osobą.

6. UPORZĄDKUJ SWOJE OTOCZENIE

Cykliczne wprowadzanie porządku w swoim otoczeniu, ale również w samym sobie, to kolejny, bardzo ważny element, dzięki któremu zrobisz miejsce na nową energię. Oczyszczając swoją przestrzeń, przestaniesz tracić siłę na porządkowanie zbędnych przedmiotów! Twój dom dłużej będzie czysty i przestronny.

Przynajmniej raz w roku rób porządek w swoim otoczeniu. Oczyszczaj pomieszczenie po pomieszczeniu, pozbądź się rzeczy zniszczonych, niepotrzebnych i wysysających z Ciebie energię.

Przykład:
Jak uporządkować swoje ubrania?

Zbierz w jedno miejsce wszystkie swoje ubrania. Poukładaj je według kategorii: bielizna, spodnie, swetry, kurtki etc. i tak posegregowane kolejno przeglądaj. Wkładaj do szuflady tylko te, które są dla Ciebie wygodne i dobrze się w nich czujesz. Pozostałe rzeczy, jeśli są w dobry stanie, możesz oddać do kontenerów z używaną odzieżą – przydadzą się innym.

Pamiętaj!
Nawet jeśli przebywasz głównie w domu – bądź osobą zadbaną i uporządkowaną. Przestań nosić rozciągnięte i wypłowiałe ubrania. Ubieraj się wygodnie, ale schludnie. Rób to dla siebie.

Ćwiczenie:

1. Zaprowadź nowy porządek na nowy początek! Stosując się do powyższych rad, wprowadź w swój plan miesięczny czas na posprzątanie całego domu. Rób przerwy między dniami porządkowania – pomoże Ci to zachować energię i uniknąć poczucia przytłoczenia. Pół godziny dziennie to już dużo!

2. Zrób listę rzeczy, których nie potrzebujesz, ale ciężko Ci je wyrzucić. Poszukaj osób, którym Twoje rzeczy sprawiłyby radość. Popytaj znajomych. Możesz też poprosić o pomoc w ich sprzedaży przez Internet. Nadmiar książek możesz oddać do biblioteki lub antykwariatu.

7. SEN I ODPOCZYNEK

Intuicyjnie na pewno czujesz, że do zachowania pełni energii potrzebujesz czasu, by ją zregenerować. Tym momentem „ładowania baterii" jest codzienna odpowiednia dawka snu i odpoczynku.

Regeneracja naszego ciała jest najbardziej skuteczna w godzinach między 21:00 a 1:00 w nocy. Z tego powodu niezwykle ważne jest chodzenie spać wcześniej, żeby rano wstać pełnym energii na cały dzień. Do snu należy się też odpowiednio przygotować – stąd tak duża zachęta z mojej strony do praktykowania Rytuału Wieczornego, który wycisza Twoje myśli i odpręża ciało.

Zwróć również uwagę na niewylegiwanie się rano w łóżku – to rozleniwia.

Pamiętaj!
Ważne jest to, co jesz na kolację. Niech będą to rzeczy lekkostrawne. Może być to coś rozgrzewającego np. krem z warzyw. Ostatni posiłek powinien być spożywany około 2 godziny przed snem.

Ćwiczenie:
1. Wprowadź w swój plan codzienny czas na przemyślenie oraz przygotowanie kolacji. Zapisz, o której godzinie położysz się spać.

2. Zaplanuj w połowie dnia swój codzienny odpoczynek – może to być chwila z książką, krótka drzemka lub spokojny spacer. Ważne, byś zaczął nie tylko cieszyć się życiem, ale również zbierać energię na kolejne przeżycia.

3. Przyjrzyj się swoim planom codziennym. Czy dbasz, by zmieniać w nich aktywności i pozycję ciała, np. pracujesz w ogrodzie/warsztacie (ruch), później czytasz książkę (siedzenie), gotujesz obiad (pozycja stojąca)? To ważne dla Twojego ciała, ale również dla zachowania stałej energii. Długotrwałe wykonywanie tych samych czynności może powodować niepotrzebne zmęczenie. Urozmaicaj sobie dzień!

8. ASERTYWNOŚĆ

Możesz zastanawiać się, jak się wiąże asertywność z pozytywną energią. Pokażę Ci kilka sytuacji porównujących osobę asertywną i nieasertywną na przykładzie pomagania innym:

Osoba nieasertywna	Osoba asertywna
Pozwala wykorzystywać swoje dobre serce.	Stawia granice, by pomagać tym, którzy naprawdę tego potrzebują.
Stawia potrzeby innych na pierwszym miejscu.	Pamięta, by troszczyć się również o siebie.
Rozwiązuje trudne sprawy za innych – osłabia i uzależnia od siebie osobę potrzebującą pomocy.	Wie, że liczy się mądra pomoc. Daje wędkę, a nie rybę. Wzmacnia i buduje siłę.
Żyje sprawami innych osób i tym samym przejmuje ich stres.	Oddziela sprawy innych osób od własnych. Utrzymuje równowagę w życiu.

Jak się czujesz, czytając lewą stronę powyższej tabelki? Zestresowany? Zmęczony? Przeciążony odpowiedzialnością za życie INNYCH osób? Czujesz, jak tracisz energię?

Pamiętaj!
Piękno życia polega na troszczeniu się o innych. To wpływa na Twój wewnętrzny rozwój. Jednak **postawa asertywna pomoże**

Ci zachować Twoją energię życiową również dla siebie i uniknąć tych osób, które chcą Tobą manipulować. Piszę tutaj o mądrej pomocy, ponieważ najczęściej właśnie o tym rozmawiam z osobami przychodzącymi do mnie na wykłady i piszącymi do mnie listy. Myślę, że tak jak one chcesz pomagać, ale czasami czujesz się przytłoczony nadmiarem spraw oraz wykorzystywany przez innych.

Asertywny, czyli jaki?

Umiejący otwarcie i jednoznacznie wyrażać swoje potrzeby, uczucia i opinie.
Słownik języka polskiego, PWN

Aby stać się osobą asertywną, musisz znać swoje potrzeby, uczucia i opinie, dlatego cieszę się, że pracujesz z tym *Przewodnikiem*. Krok po kroku odkrywasz, co jest dla Ciebie ważne. Pewność siebie i miłość do własnej osoby będzie dawać Ci odwagę do otwartego wyrażania tego, kim jesteś. **Na to nigdy nie jest za późno!**

Na pewno Twoje otoczenie będzie zaskoczone, gdy zaczniesz się zmieniać. Jednak pomyśl, że ostatecznie będzie to korzystne zarówno dla Ciebie, jak i dla Twojej rodziny i znajomych. **Dzięki temu uzdrowisz Wasze relacje i dasz się poznać w pełni.**

Ćwiczenie: 1.
Zastanów się teraz, na co poświęciłeś za mało czasu w swoim życiu? Może zabrakło Ci czasu na aktywność fizyczną? A może na rozwój duchowy i intelektualny? Wypisz wszystko na kartce.

Zastanów się, bez żadnych wymówek i bardzo szczerze, dlaczego nie zaangażowałeś się w te rzeczy bardziej?

2. A teraz napisz, na co poświęciłeś za dużo czasu? Może na pomoc innym ludziom, którzy wcale tego nie potrzebowali? Może na robienie rzeczy, których Ty nie chciałeś, ale nie wiedziałeś, jak o tym powiedzieć? Może na realizowanie nie swoich pragnień, tylko tych narzuconych przez otoczenie? Wypisz wszystko na kartce i ponownie zastanów się, dlaczego tak postępowałeś.

Mam nadzieję, że powyższe ćwiczenia uświadomiły Ci, jak ważne jest dbanie o swoje potrzeby i uczucia, a co za tym idzie postawa asertywna. **Korzystaj ze swojego życia roztropnie! Nie trać energii!**

9. ZDROWE ODŻYWIANIE I ĆWICZENIA

Twój organizm to wszechstronna maszyna, która potrzebuje dobrego paliwa do wyprodukowania życiowej energii. Dlatego zadbaj o odpowiednie odżywianie i ćwiczenia.

Zacznij już teraz dbać o siebie i zdrowo się odżywiać. Nie czekaj, aż zachorujesz! Wsłuchaj się w swoje ciało.

Ta jedna prosta czynność – **planowanie posiłków**, pomoże Ci nie tylko zmienić nawyki żywieniowe na zdrowsze, ale również zaoszczędzić czas i pieniądze.
Zamiast jeść codziennie te same monotonne posiłki, kupować zupki chińskie lub jedzenie na wynos, bo zapomniałeś coś odmrozić, wystarczy kilka minut planowania raz w tygodniu. **Nawet jeśli mieszkasz sam, warto zadbać o siebie poprzez przygotowanie domowych posiłków.** A może umów się z bliską Ci osobą, że jednego dnia gotujesz Ty, a drugiego ona? Wzmocnisz w ten sposób Waszą więź!

Oto kilka wskazówek, które pomogą Ci w cotygodniowym planowaniu:
1. Korzystaj z produktów sezonowych
Unikniesz problemu zaplanowania posiłku, na który nie znajdziesz składników w sklepie.

2. Dbaj o różnorodność
Zapewni Ci to przyjemność z jedzenia i odpowiednie składniki odżywcze dla Twojego organizmu.
3. Wybieraj szybkie i proste przepisy
Jeśli do tej pory nie przepadałeś za przygotowywaniem posiłków, ułatw to sobie poprzez wybór prostych i szybkich przepisów. Zapisuj najsmaczniejsze, by móc do nich wracać.
4. Przygotuj szablon posiłków
Stwórz rozpiskę uwzględniającą przynajmniej pięć posiłków w ciągu dnia. Najlepiej, żeby posiłki spożywać w 3-, 4-godzinnych przerwach. Unikniesz w ten sposób szkodliwych wahań cukru w Twoim organizmie. Zaplanuj również czas na gotowanie.
5. Zrób listę zakupów
Zaoszczędzisz dzięki niej czas podczas zakupów i unikniesz wrzucania do koszyka zbędnych produktów i przekąsek. Zaoszczędzisz pieniądze.
Dbaj o swoje odżywianie – czy małemu dziecku podałbyś fast food? Nie!

Jeśli w ciągu dnia masz problem z gotowaniem albo planujesz spędzić cały dzień poza domem, spróbuj przygotowywać 5 pudełek z jedzeniem wieczór wcześniej.

Pamiętaj!
Nawet najlepsza dieta potrzebuje wsparcia w postaci ćwiczeń. Zdrowe odżywianie i aktywność fizyczna są nierozerwalną częścią naszego życia. Najlepiej gdybyś przynajmniej **trzy razy w tygodniu poświęcał pół godziny na umiarkowaną aktywność fizyczną.** Po 6 tygodniach Twój poziom energii wzrośnie

aż o 20-30%! Dlatego wciąż zachęcam Cię do naszych ćwiczeń porannych i wieczornego rozciągania. Dzięki nim wzrasta liczba endorfin, czyli hormonu szczęścia.

Ćwiczenia:
1. Od teraz podczas wieczornych podsumowań w kalendarzu odpowiadaj na dwa dodatkowe pytania:
- Ile dziś ćwiczyłem?
- Co dzisiaj zjadłem?

Bądź ze sobą szczery. Dzięki temu będziesz mógł prześledzić, jak faktycznie przebiegają Twoje postępy w trosce o swoje zdrowie i szczęśliwe życie.

2. Stwórz listę motywacyjną
Zapisz wszystkie korzyści, jakie zyskasz, zmieniając swoje nawyki żywieniowe oraz zwiększając codzienną aktywność fizyczną.

10. GNIEW I ZAZDROŚĆ

Chciałabym porozmawiać z Tobą o pewnych emocjach, których niekontrolowane i częste przeżywanie może odbierać Ci energię. Czy wiesz, że emocje można ćwiczyć? Zacznij rozwijać swoją inteligencję emocjonalną, by emocje już Tobą nie targały.

Gniew
Skąd się bierze gniew? Stwórz listę rzeczy, które ostatnio Cię zezłościły i zdenerwowały, a obok napisz, jaka była pierwotna przyczyna tego gniewu.

Na przykład:

Opis sytuacji	Moje uczucia
Inny klient sklepu wepchnął się przede mną w kolejkę.	Poczułem się zlekceważony i pominięty.
Pomogłem finansowo osobie, która mnie o to poprosiła, ale okazało się, że wydała pieniądze na coś zupełnie innego.	Poczułem się oszukany i okłamany.

Gniew może objawiać się na zewnątrz krzykiem, nieprzyjemnymi słowami skierowanymi do drugiej osoby czy agresywną postawą. Ten chowany w środku, w Twoim sercu, powoduje ciągłe poczucie, jakby coś czaiło się pod powierzchnią i w każdej chwili chciało wybuchnąć. Nie da się tego wytrzymać!

Nie trać energii na gniew. Dlatego:
- Nieustannie ćwicz swoją asertywność!
- Nie rozpamiętuj denerwujących sytuacji. Nie karm swojego gniewu.
- Znajdź zawsze pierwotną przyczynę. Zadaj sobie pytanie: „Dlaczego się tak czuję?".
- Zmień gniew na coś pozytywnego! Niech to będzie impuls do zmiany!

Zazdrość

Tym razem proszę Cię o stworzenie listy rzeczy/osób, o które jesteś zazdrosny. Zastanów się nad pierwotną przyczyną tego uczucia.

Na przykład:

Opis sytuacji	Moje uczucia
„Inni to..." mają więcej pieniędzy niż ja.	Wstydzę się, że nie mogę kupować tego, co chcę i kiedy chcę, ale każdy wydatek muszę skrupulatnie planować.
Moja znajoma ciągle się z kimś spotyka, ma wielu przyjaciół.	Nie jestem wystarczająco interesujący, by zdobyć w moim wieku nowe znajomości. Czuję się samotny i niechciany.

Zazdrość bardzo często wynika z niskiej samooceny. Nie tracić energii na zazdrość. Dlatego:
- Zawsze patrz na swoje uczucia.
- Pokochaj siebie takim, jaki jesteś.
- Zacznij budować swoją pewność siebie.

Jeśli tego potrzebujesz, wróć do ćwiczeń z I części *Przewodnika* – „Pamiętaj – bądź sobą!" oraz „Poczucie własnej wartości". To one są sposobem na rozprawienie się z zazdrością, którą czujesz.

Zamiast mówić: „Nie dam rady", powiedz: „Poradzę sobie w każdej sytuacji, bo ufam sobie". **Zacznij zmieniać swoje emocje w pozytywną siłę do działania!**

11. TOKSYCZNI LUDZIE

Emocje, o których rozmawialiśmy poprzednio, często są reakcją na ludzi, którymi się otaczasz. Unikaj toksycznych osób. Jak je rozpoznać?

Toksyczni ludzie to ci, którzy m.in. potrzebują Cię głównie po to, by się poskarżyć, obarczyć swoimi problemami i tragicznymi historiami. Zasypują Cię swoim lękiem oraz złymi opiniami o innych ludziach. Nie bądź czyimś koszem na śmieci! Nie jesteś koszem na brudy.

Ćwiczenia:
1. Stwórz listę osób, z którymi utrzymujesz kontakt. Przy każdej z nich zapisz odpowiedź na poniższe pytania:
- Co mnie cieszy w naszej relacji?
- Czy jestem dla niej tak samo ważny, jak ona dla mnie?
- Czy mogę liczyć na jej wsparcie?
- Czy wzbogaca ona moje życie? A może ciągnie mnie w dół?
- Czy spotykam się z nią z przyzwyczajenia, czy z własnych chęci?

2. Zaznacz, które osoby dają Ci energię i nastawiają pozytywnie do życia, a które są wampirami energetycznymi.

3. Umów się na spotkanie z osobami, które według Twojej listy Cię wspierają i oferują zastrzyk energii.

4. Zastanów się również nad sobą. Czy Ty dla innych jesteś przyjacielem? Czy, choć tego nie chcesz, stałeś się dla kogoś ze swoich

znajomych właśnie takim toksycznym towarzyszem? Jeśli tak, zastanów się, jak możesz to zmienić. Szczera rozmowa jest zawsze dobrym pomysłem!

12. ZAOPIEKUJ SIĘ SOBĄ

Wspólnie dotarliśmy do ostatniego ćwiczenia tej części *Przewodnika*. Jeśli pracowałeś, tak jak Cię prosiłam – powoli i systematycznie – masz już za sobą kilka tygodni zmiany swojego życia na lepsze.

Na pewno czujesz już wpływ nowych nawyków na swoje życie!

Koniecznie napisz mi o tym (office.acti50@gmail.com). Twoja historia będzie dla mnie inspiracją i zachętą do dalszej pracy.

Znajdź teraz czas na zdrowy wypoczynek – zaopiekuj się sobą!

Kiedy jesteś przemęczony, często się irytujesz i masz problem z koncentracją. Zmęczenie organizmu może trwale odbić się na zdrowiu psychicznym, jak i fizycznym. Długotrwały brak odpoczynku osłabia zdolności obronne naszego organizmu, a co za tym idzie – częściej chorujemy.

Dlatego tak ważny jest relaks po męczącym dniu i świętowanie.

Na przykład ja na zakończenie pisania tego *Przewodnika* będę świętować tak:
- Przygotuję sobie zdrowy i pyszny posiłek – udekoruję stół porcelanową zastawą i świeżymi kwiatami. Chcę czuć, że to wyjątkowa okazja.
- Wezmę długą, ciepłą kąpiel przy dźwiękach relaksującej muzyki – odprężę swoje ciało po czasie spędzonym nad klawiaturą.
- Usiądę z ulubioną książką w fotelu i już nic nie będę musiała robić.

SENTENCJE DLA CIEBIE

Twój czas jest ograniczony, a więc nie marnuj go na życie cudzym życiem. Nie daj się złapać w pułapkę przeżywania życia, będąc sterowanym przez innych. Nie pozwól, by zgiełk opinii innych zagłuszył Twój wewnętrzny głos. I co najważniejsze, miej odwagę podążać za swoim sercem i intuicją. One jakimś cudem już wiedzą, kim tak naprawdę chcesz zostać. Wszystko inne ma wartość drugorzędną!
Steve Jobs

Tysiącmilowa podróż zaczyna się od pierwszego kroku.
Konfucjusz

Emocje są jak dzikie konie i potrzeba wielkiej mądrości, by je okiełznać.
Paulo Coelho

Za dwadzieścia lat bardziej będziesz żałował tego, czego nie zrobiłeś, niż tego, co zrobiłeś. Więc odwiąż liny, opuść bezpieczną przystań. Złap w żagle pomyślne wiatry. Podróżuj, śnij, odkrywaj.
Mark Twain

Jedyną osobą, którą jest Ci przeznaczone się stać, jest ta, którą zdecydujesz się być.
Ralph Waldo Emerson

CZĘŚĆ III
GIMNASTYKA MÓZGU DLA DOJRZAŁYCH

Część III

GIMNASTYKA MÓZGU – WPROWADZENIE

Ostatni fragment *Przewodnika*, diametralnie różni się od tego, co robiliśmy do tej pory. Przede wszystkim składa się z dwóch głównych części:

I. Teoretycznej na temat mózgu i jego funkcjonowania.
Chcę Ci przede wszystkim pokazać, jaki skarb w sobie nosisz. Przy odrobinie Twojego zaangażowania i systematycznej pracy możesz osiągnąć naprawdę wiele. W tej części, poza wiedzą merytoryczną, znajdziesz też zachętę do pracy nad swoją pamięcią oraz kształtowania nowych umiejętności.

II. Praktycznej – zbioru ćwiczeń.
Wszystkie przedstawione przeze mnie ćwiczenia fizyczne opierają się na pracach dra Paula Dennisa, amerykańskiego pedagoga, który opracował metodę służącą wsparciu sprawności naszego mózgu poprzez ruch. Dodaję do nich kilka innych ćwiczeń kreatywnych i językowych, które mogą pozytywnie wpłynąć na pracę Twojego mózgu, a tym samym całe Twoje życie.

Przewodnik ten będzie prawdziwą gimnastyką dla Twojego mózgu. Jednak pamiętaj o tym, co już wypracowaliśmy we wcześniejszych rozdziałach. Praktykuj codzienną wdzięczność, medytację i aktywność fizyczną. Skrupulatnie notuj w dzienniku wszystkie zmiany zachodzące w Twoim życiu. Pamiętaj o zapisywaniu odpowiedzi na następujące pytania:

- Za co jestem dziś wdzięczny?
- Co dobrego dziś zrobiłem?
- Czego się dzisiaj nauczyłem?
- Ile dziś ćwiczyłem?
- Co dzisiaj zjadłem?

Regularnie przeglądaj swoje notatki, by świętować zrealizowanie zamierzonych przez Ciebie celów.

Część III

WSPIERAJ SWÓJ MÓZG

Pewnie słyszałeś, że wraz z wiekiem zdolność zdobywania nowych umiejętności maleje, a mózg nie jest już taki sprawny. Mam dla Ciebie dobrą wiadomość – to nie jest prawda! Mamy już dowody na to, że mózg bez względu na wiek tworzy miliony nowych połączeń między neuronami w każdej sekundzie Twojego życia. Jest to olbrzymi potencjał, jaki możesz wykorzystać do nauki!

Gdy już to wiesz, pozostaje tylko jedno – Twoje chęci do zdobywania nowych umiejętności.

Czy wiesz, że ...?
Mózg waży około 1-2,5 kg i ma około 1,5 litra pojemności. Zużywa aż 20% energii, choć stanowi zaledwie 2% ciała człowieka.

Aby wspierać swój mózg, pamiętaj o:
- Ciągłym wykorzystywaniu nowych możliwości poznawczych. Zdobywaj nowe umiejętności, wykonuj różnorodne ćwiczenia fizyczne, stawiaj sobie wyzwania!
- Odpowiedniej dawce snu. Podczas snu Twój mózg, pomimo ciągłej pracy, może odpocząć i przeanalizować wszystkie informacje, które zdobył w ciągu dnia.
- Aktywności fizycznej. Jest ona najlepszym sposobem na dotlenienie Twojego mózgu.
- Aktywnym życiu towarzyskim. Jesteśmy stworzeni do budowania relacji i są one paliwem, które zapewnia nam energię do życia.

- Zbilansowanej diecie. Dbaj, by Twoje posiłki były bogate w węglowodany, tłuszcze, proteiny, żelazo i witaminy (głównie B, A, C, E), kwasy omega-3. Unikaj również produktów przetworzonych.

Te podstawowe rzeczy, do których ciągle Cię zachęcam, poprawią Twoją pamięć i koncentrację, a tym samym zapewnią lepsze samopoczucie i podniosą Twoją pewność siebie.

Jeśli zastanawiasz się, co możesz zrobić, by włączyć aktywność fizyczną do swojej codziennej rutyny, popatrz na propozycje z Harvard Health:
- W miarę możliwości chodź, zamiast korzystać z samochodu.
- Każdego dnia przeznaczaj czas na ćwiczenia. Aby uzyskać dodatkową motywację, poproś małżonka lub przyjaciela, aby do Ciebie dołączyli.
- Korzystaj ze schodów zamiast z windy.
- Zasadź ogród i pielęgnuj go.
- Weź udział w ćwiczeniach lub dołącz do klubu zdrowia.
- Pływaj regularnie, jeśli masz dostęp do basenu lub plaży.
- Naucz się sportu, który wymaga skromnego wysiłku fizycznego, takiego jak tenis stołowy czy taniec.

Ćwiczenia spowodują dotlenienie mózgu oraz zmniejszą ryzyko wystąpienia szeregu stanów potencjalnie zagrażających pamięci, takich jak wysokie ciśnienie krwi, cukrzyca czy udar.

Część III

DWIE PÓŁKULE
– JEDEN CZŁOWIEK

Nasze mózgi składają się z dwóch półkul, pomiędzy którymi znajdują się połączenia krzyżowe. Sprawia to, że lewa półkula kontroluje prawą część ciała, a prawa – lewą. Uszkodzenie jednej z półkul, na przykład na skutek udaru, może doprowadzić do paraliżu przeciwnej strony ciała.

Czy wiesz, że …?
W kulturze zachodniej zazwyczaj postrzegamy czas jako coś, co przepływa z lewej strony (przeszłość) do prawej (przyszłość). Badania przeprowadzone na Uniwersytecie Genewskim wykazały, że osoby, które mają uszkodzoną prawą półkulę mózgu, mają problemy z myśleniem o przeszłości (lewa strona). W części wykonanych testów przypisywali dawne wydarzenia do przyszłości.

Każda z półkul mózgowych ma zadania, w których się specjalizuje. Ich wykonanie jest możliwe tylko wtedy, gdy obie półkule funkcjonują poprawnie i zachodzi między nimi nieustanna komunikacja. Każdy z nas jednocześnie używa obu półkul – dzięki temu mózg działa prawidłowo, a my sprawnie radzimy sobie z codziennymi obowiązkami.

Przykład
Lewe oko (prawa półkula) widzi daleko, rozpoznaje formy, kolory, kształt, rozłożenie w przestrzeni i asymetrię. Prawe oko (lewa

półkula) widzi blisko, płaski obraz, symetrię. Podobnie różną percepcję mają nasze uszy. Wynika z tego, że tylko zsynchronizowana praca całego ciała może przynieść efekty w procesie postrzegania i uczenia się.

Znajomość specjalizacji obu półkul jest istotna przy doborze odpowiednich ćwiczeń mózgu. Jeśli zależy Ci na tym, by poprawić swoją zdolność logicznego myślenia i wiesz, że kryje się ona w lewej półkuli mózgu, możesz wybrać te ćwiczenia, które właśnie ją zachęcą do rozwoju.

Lewa półkula mózgu – logiczna

Dzięki tej półkuli możesz mówić i rozumieć to, co mówią do Ciebie inni, wykonywać obliczenia matematyczne, rozpoznawać przedmioty za pomocą dotyku, czy pisać. Odpowiada ona za pamięć krótkotrwałą i logiczne myślenie, w tym:

Analizę	Logikę	Poczucie czasu
	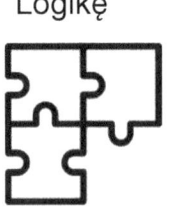	

Prawa półkula mózgu – całościowa

Dzięki tej półkuli możesz m.in. zostać artystą, czy tworzyć dzieła muzyczne. To ona odpowiada za myślenie kreatywne i abstrakcyjne. Bez niej nie potrafilibyśmy płynnie czytać, ponieważ to w niej zachodzi synteza liter i zdań. W prawej półkuli znajdziesz:

Pamiętaj, by trenować obie półkule swojego mózgu. Nawet jeśli chciałbyś się skupić głównie na poprawie np. funkcji logicznego myślenia, to nie zapominaj o ćwiczeniach na kreatywność czy poprawie swojej intuicji. Zrównoważony rozwój przyniesie Ci najlepsze efekty.

ĆWICZ I PAMIĘTAJ

„Pamięć, czyli umiejętność gromadzenia informacji o rzeczach, wydarzeniach i doświadczeniach oraz przywoływanie ich i wykorzystywanie w późniejszym czasie, jest to proces, który zachodzi w całym mózgu (nie ma magazynu wspomnień). Proces ten polega na powstawaniu nowych lub przebudowie istniejących połączeń między komórkami.

Tak, jak mamy wpływ na kształtowanie swojej kondycji fizycznej i masy mięśniowej poprzez odpowiednie ćwiczenia, tak samo możemy wpływać na nasze zdolności intelektualne. Dzięki ćwiczeniom umysłowym zwiększamy ilość połączeń między komórkami w mózgu. Zapamiętywanie to wyuczona umiejętność, która może być trenowana i rozwijana, ale niećwiczona słabnie.

Badania dowiodły, że u ludzi regularnie poddawanych wysiłkowi intelektualnemu wzrasta ilość enzymów odpowiedzialnych za rozkładanie białka, które to uważa się za jedną z przyczyn choroby Alzheimera".

– lek. med. Marcin Ratajczak

Aktywność treningu mózgu nie musi być związana z wysiłkiem fizycznym. Badania wykazały, że malarstwo i inne formy sztuki – jak uczenie się gry na instrumencie, pisanie ekspresywne lub autobiograficzne oraz nauka języka obcego – również mogą poprawić funkcje poznawcze. W badaniu przeprowadzonym w roku 2014 na Harvard University przeanalizowano 31 ćwiczeń, które skupiały się na tym, w jaki sposób te konkretne działania wpłynęły na umiejętności umysłowe starszych osób. Okazało się, że wszystkie z nich poprawiły kilka aspektów pamięci.

Plastyczność mózgu
To zdolność uczenia się i wzrastania mózgu w miarę starzenia się. Żeby z niej korzystać, trzeba regularnie uaktywniać nasze obie półkule.

„W końcu Twoje umiejętności poznawcze zmniejszą się, a myślenie i pamięć będą trudniejsze, więc musisz zbudować rezerwy" – mówi dr John N. Morris, dyrektor badań społecznych i polityki zdrowotnej w Harvardzie.

Objęcie nowej aktywności,
która zmusza do myślenia i uczenia się,
a także wymaga ciągłej praktyki,
może być jednym z najlepszych sposób
na utrzymanie zdrowia mózgu.
John N. Morris

NOWE DZIAŁANIA LEKARSTWEM NA PAMIĘĆ

Nowa i trudna aktywność zmusza Twój mózg do pracy nad konkretnymi procesami myślowymi, takimi jak rozwiązywanie problemów i kreatywne myślenie. Do badania psychologicznego w 2013 r. wybrano osoby w wieku 60 do 90 lat. Część z nich wykonywała nowe i złożone czynności, takie jak fotografia cyfrowa lub pikowanie. Druga grupa zajmowała się rzeczami, które zna, takimi jak czytanie i rozwiązywanie krzyżówek. Udowodniono, że osoby z pierwszej grupy, które przez średnio 16 godzin tygodniowo przez trzy miesiące poświęcały się rozwijaniu nowych umiejętności, uzyskały lepsze wyniki w testach pracy i pamięci długotrwałej.

Ważna jest praktyka.

To ciągłe powtarzanie prac nad ulepszeniem,
a nie poszukiwanie mistrzostwa,
może mieć największy wpływ.
dr John N. Morris

Twoja aktywność powinna wymagać pewnego poziomu ciągłej praktyki, ale celem nie jest dążenie do doskonałości. Najważniejszy jest czas, jaki poświęcasz na angażowanie mózgu w nowe wyzwania. Z każdą kolejną minutą osiągasz coraz więcej korzyści.

Nie możesz poprawić pamięci,
jeśli nie pracujesz nad nią.
dr John N. Morris

Zadanie dla Ciebie:
- Wybierz jedną nową aktywność.
- Zapisz się na zajęcia.
- Zaplanuj czas ćwiczeń.

Zadbaj o to, aby rzucić wyzwanie swojemu mózgowi, aby się rozwinął. Dlatego wybór nowej pasji jest tak korzystny. Angażujesz swój mózg, aby nauczył się czegoś nowego – daj sobie szansę na poprawę pamięci i podniesienie jakości swojego życia!

Kinezjologia edukacyjna
Bardzo ważnym odkryciem dra Paula Dennisona, twórcy kinezjologii edukacyjnej, jest stwierdzenie ścisłego związku pomiędzy stanem mięśni a możliwościami uczenia się. Udowodnił on, że człowiek odczuwający stres ma przykurczone, napięte mięśnie, co blokuje przepływ bodźców nerwowych, a tym samym utrudnia uczenie się.

Zmysł kinestetyczny (kinestazja)	Czucie położenia i ruchu kończyn lub ich części względem siebie. Receptory kinestezji poprzez powstające w nich impulsy informują ośrodkowy układ nerwowy o charakterze i zakresie wykonywanych ruchów.
Kinezyterapia	Leczenie za pomocą ćwiczeń fizycznych, gimnastyki leczniczej i masaży.
Kinezjologia edukacyjna	Kierunek w naukach humanistycznych o związkach ruchu ciała z organizacją i funkcjonowaniem mózgu, wykorzystujący elementy psychologii, pedagogiki, neurofizjologii i anatomii.

Ważne!
Nasza inteligencja, zdolności uczenia się oraz twórczość nie zależą od wagi, wielkości mózgu, czy też od ilości komórek nerwowych, jak dawniej twierdzono, ale od **ilości połączeń między neuronami.**

Skoordynowane ruchy, jakie proponuje nam gimnastyka mózgu, wpływają na ilość i jakość połączeń między komórkami nerwowymi. Dzięki ćwiczeniom poprawia się nasza pamięć i koncentracja. Rozwijamy twórcze myślenie, zdolności pisania i czytania oraz formułowania poprawnej wypowiedzi. Eliminujemy również nadmiar stresu oraz poprawiamy kondycję naszego ciała.

Kinezjologia edukacyjna jest oparta w głównej mierze na ruchu, czyli ćwiczeniach psychomotorycznych usprawniających ciało, aktywizujących system nerwowy, rozładowujących napięcia wywołane stresem, podnoszących energię.

Wyróżniamy w niej ćwiczenia:

I. Przekraczające linię środka
Aktywizują obie półkule mózgu jednocześnie, stymulują mózgowe ośrodki mowy i języka, stanowią „rozgrzewkę" dla wszelkich umiejętności wymagających przekraczania lateralnej linii środkowej.

II. Energetyzujące
Aktywizują przebieg procesów nerwowych pomiędzy komórkami i grupami komórek nerwowych mózgu i ciała. Mają bezpośredni wpływ na fizjologiczną podstawę przyjmowania i zapamiętywania informacji.

III. Relaksujące
Sprzyjają wyciszeniu, pogłębieniu pozytywnego nastawienia i uzyskaniu motywacji do działania.

IV. Wydłużające
Ograniczają negatywny wpływ „odruchu obronnego ścięgien", który powstaje w sytuacji podejmowania nowego zadania. Umożliwiają lepszą komunikację pomiędzy tylnymi partiami mózgu odpowiedzialnymi za „przetrwanie" i przednimi (kora nowa), gdzie odbywają się operacje intelektualne.

Na kolejnych stronach przedstawię Ci przykłady poszczególnych ćwiczeń. Najlepiej, abyś włączył je do swojego codziennego treningu – przynajmniej jedno ćwiczenie z danej grupy.

ĆWICZENIA AKTYWIZUJĄCE

1. Ruchy naprzemienne

Opis ćwiczenia:
Stań w lekkim rozkroku – nogi na szerokość bioder. Podnieś do góry prawe kolano i dotknij go lewym łokciem, lekko skręcając ciało. Następnie stań prosto i powtórz ćwiczenie na drugą stronę – podnieś do góry lewe kolano i dotknij go prawym łokciem. Ćwiczenie przypomina marsz w miejscu. Powtórz je 10 razy.

Cele:
- Trening narządu wzroku oraz usuwanie jego zaburzeń.
- Aktywizacja obu półkul mózgowych do jednoczesnej pracy.
- Rozgrzewka przed dalszą gimnastyką.

2. Ruchy naprzemienne na leżąco

Opis ćwiczenia:
Połóż się na plecach na macie. Podnieś głowę oraz ugięte kolana. Pilnuj, by mięśnie szyi były rozluźnione, załóż ręce za głowę dla jej podtrzymania. Oddychaj rytmicznie i zacznij wykonywać naprzemiennie ćwiczenie – w lekkim skręcie ciała dotknij lewym łokciem prawego kola rana. Następnie powróć do pozycji wyjściowej. Wykonaj ćwiczenie na drugą stronę – dotknij prawym łokciem lewego kolana. Powtórz ćwiczenie 10 razy.

Cele:
- Integracja prawej i lewej półkuli mózgu.
- Aktywizacja prawej i lewej strony ciała.

3. Leniwe ósemki

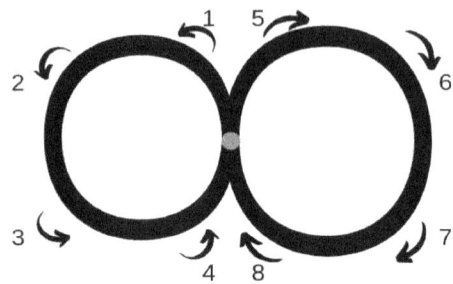

Opis ćwiczenia:
Usiądź na krześle lub stań w lekkim rozkroku. Wyprostuj rękę i ustaw kciuk na wysokości oczu w punkcie naprzeciwko nosa. Od niego rozpocznij kreślenie kciukiem koła w lewą stronę (według punktów 1, 2, 3, 4 na powyższym rysunku). Po powrocie do punktu startowego zacznij kreślić koło w prawą stronę (kolejno punkty 5, 6, 7 i 8 widoczne na rysunku). Podążaj oczami za kreślonym ruchem. Tworzony kształt przypomina leżącą ósemkę.
Powtórz ruch po 10 razy w każdej z następujących sekwencji: prawą ręką, lewą ręką, obiema na raz.
Ósemki możesz kreślić w przestrzeni, na plecach drugiej osoby, na ścianie, papierze, a nawet piasku.

Cele:
- Wyostrzenie wzroku.
- Poprawa procesu czytania ze zrozumieniem.

4. Leniwe ósemki alfabetyczne

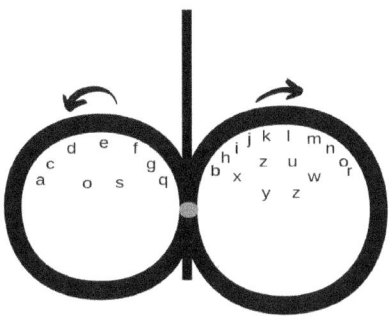

Opis ćwiczenia:
Narysuj na kartce papieru leniwą ósemkę według zasady z wcześniejszego ćwiczenia. Następnie wpisz w nią małe litery alfabetu w lewej lub prawej połowie, w zależności od kierunku pisania pierwszego odcinka litery (ma być zgodny z kierunkiem ósemki) np. pisanie brzuszka w literze „a" rozpoczyna się w lewą stronę, dlatego zapisz ją w lewej połowie ósemki. Po każdej wpisanej literze nakreśl przed sobą kciukiem cztery leniwe ósemki.
W kolejnych modyfikacjach tego ćwiczenia możesz zacząć je wykonywać w pamięci, kreśląc ósemki i litery na płaszczyźnie lub w przestrzeni.

Cele:
- Rozwój twórczego pisania.
- Poprawa zdolności manualnych i precyzji ruchów.
- Udoskonalenie koordynacji wzrokowo-ruchowej.

5. Słoń

Opis ćwiczenia:
Stań na lekko ugiętych kolanach w delikatnym rozkroku. Wyciągnij rękę przed siebie grzbietem do góry, tak by wskazywała punkt centralny wyobrażonej leniwej ósemki. Przytul ucho do ramienia i rozpocznij kreślenie leniwej ósemki w przestrzeni. Podczas tego ćwiczenia całe Twoje ciało pracuje.
Powtórz ćwiczenie po 10 razy na każdą ręką.

Cele:
- Zintegrowanie wzroku, słuchu i ruchu.
- Skoordynowanie ośrodków słuchu obu półkul.
- Rozwinięcie pamięci długotrwałej.
- Zniwelowanie nieprawidłowego napięcia szyi, jakie powstaje podczas słuchania.

6. Oddychanie przeponowe

Opis ćwiczenia:
Ćwiczenie możesz wykonywać stojąc w lekkim rozkroku lub leżąc na plecach. Weź głęboki wdech nosem. Najpierw oczyść płuca, robiąc kilka krótkich wydechów przez zaciśnięte wargi (wyobraź sobie, że chcesz utrzymać piórko w powietrzu). Następnie przejdź do właściwej części ćwiczenia. Połóż ręce na brzuchu – dzięki temu będziesz mógł „poczuć" swój oddech. Na wdechu ręce podnoszą się, a na wydechu opadają. Zrób wdech, licząc w myślach do trzech, następnie zatrzymaj go na kolejne trzy sekundy i dopiero zacznij wydychać powietrze, ponownie licząc do trzech. Nim rozpoczniesz kolejny wdech, odlicz do trzech sekund na bezdechu. Pilnuj, aby podczas oddychania poruszał się brzuch, a nie klatka piersiowa. Powtórz całość kilka razy.

Cele:
- Nauka prawidłowego oddychania – dotlenienie mózgu.
- Rozluźnienie centralnego układu nerwowego.

7. Krążenie szyją

Opis ćwiczenia:
Pochyl głowę w stronę lewego ramienia. Zrób wdech. Następnie na wydechu przenieś głowę do prawego ramienia, trzymając brodę jak najbliżej klatki piersiowej. Zrób wydech. Powtórz ruch na wydechu od prawego do lewego ramienia. Ćwiczenie wykonaj po 10 razy w każdą stronę.

Cele:
- Zmniejszenie napięcia mięśni szyi i karku.
- Rozluźnienie centralnego układu nerwowego.
- Uaktywnienie procesu czytania ze zrozumieniem, wyrażania emocji, myśli, pamięci i liczenia.

ĆWICZENIA ROZCIĄGAJĄCE

1. Sowa

Opis ćwiczenia:
Stań w lekkim rozkroku. Chwyć prawą dłonią mięsień pomiędzy szyją a lewym barkiem. Zwróć głowę w tym kierunku. Weź głęboki wdech. Wydychając powietrze, obracaj głowę w stronę prawego ramienia. Możesz artykułować na wydechu wybrane głoski lub naśladować głos sowy. Gdy będziesz miał już głowę nad prawym ramieniem, weź wdech i – wydychając powietrze – zacznij wracać do punktu wyjścia. Głowę utrzymuj na stałej wysokości.
Powtórz ćwiczenie po 10 razy na każdą stronę.

Cele:
- Redukcja napięcia mięśni ramion i szyi.
- Dotlenienie mózgu.
- Poprawa koncentracji i pamięci.
- Efektywniejsze słuchanie ze zrozumieniem i formowanie wypowiedzi.

2. Aktywna ręka

Opis ćwiczenia:
Podnieś wyprostowaną lewą rękę do góry. Chwyć ją prawą ręką zza głowy, poniżej łokcia. Na wydechu naciskaj prawą dłonią w czterech kierunkach: do przodu, do tyłu, od i do ucha. Za każdym razem stawiaj opór lewą ręką. Zmień ręce.
Powtórz ćwiczenie po 10 razy na każdą stronę.

Cele:
- Rozciągnięcie górnych mięśni klatki piersiowej i ramion.
- Usprawnienie pisania i posługiwania się przyrządami.
- Rozwój zdolności językowych.
- Rozluźnienie przepony.
- Poprawa koordynacji ręka – oko.

3. Punkty na myślenie

Opis ćwiczenia:
Stań w lekkim rozkroku. Połóż lewą rękę na pępku. Prawą masuj punkty tuż nad obojczykiem po obu stronach mostka. Możesz też odchylić głowę do tyłu i wodzić oczami wzdłuż linii, gdzie sufit styka się ze ścianą.
Powtórz ćwiczenie 10 razy.

Cele:
- Jasność myślenia.
- Zwiększenie poziomu energii.
- Usprawnienie koordynacji i wzroku.

4. Pozycja COOKA

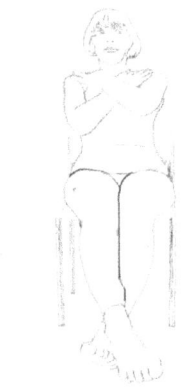

Opis ćwiczenia:
Pierwsza część:
Usiądź na krześle. Skrzyżuj nogi w kostkach i skrzyżuj ręce, przykładając je do mostka. Język umieść na podniebieniu. Zamknij oczy. Spokojnie oddychając, spędź w tej pozycji minutę.

Druga część:
Usiądź na krześle. Nogi równolegle do siebie. Ręce swobodnie połóż na udach, tak by stykały się palcami. Język umieść na podniebieniu. Zamknij oczy. Spokojnie oddychając, spędź w tej pozycji minutę.

Cele:
- Wzrost koncentracji.
- Zwiększenie poczucia własnej wartości.
- Zrelaksowanie.

5. Luźne skłony

Opis ćwiczenia:
Usiądź na krześle. Wyprostowane nogi skrzyżuj w kostkach. Podnieś ręce do góry, robiąc wydech. Na wdechu wykonaj skłon tułowia do przodu. Przenoś ciężar ciała z jednego pośladka na drugi. Prostując się, ponownie zrób wydech.
Powtórz ćwiczenie 10 razy w układzie ze skrzyżowanymi i ułożonymi równolegle nogami.

Cele:
- Zyskanie poczucia uziemienia i stabilności.
- Rozluźnienie ciała.
- Poprawa równowagi i koordynacji ciała.
- Usprawnienie czytania ze zrozumieniem i liczenia w pamięci.
- Wzrost pewności siebie.

6. Pompowanie piętą

Opis ćwiczenia:
Stań za krzesłem. Rękami trzymaj mocno jego oparcie. Wykonaj wykrok prawej nogi do tyłu. Z wdechem unieś prawą stopę na palce, z wydechem opadnij na piętę, uginając lewą nogę w kolanie. Jeśli nie czujesz napięcia mięśni podczas tego ćwiczenia, zwiększ wykrok. Ćwiczenie powtórz 10 razy wolno i płynnie, następnie zmień nogę. Ćwiczenie możesz wykonywać też bez krzesła, trzymając ręce na biodrach.

Cele:
- Zintegrowanie przednich i tylnych części mózgu.
- Uwydatnienie zdolności językowych.

7. Kapturek myśliciela

Opis ćwiczenia:
Wykonaj masaż małżowin usznych. Wyciągaj je oraz wywijaj do tyłu, do góry i do dołu. Powtarzaj to ćwiczenie kilkukrotnie. Na uchu, które ma kształt embriona, znajdują się reprezentacje całego ciała. Stymulując punkty na małżowinie usznej, pobudzasz całe swoje ciało. Kapturek myśliciela aktywizuje ośrodki słuchowe, rozpraszając tony w pojedyncze dźwięki oraz uzyskując słowa lub dźwięki o określonym znaczeniu.

Cele:
- Rozpoznanie i zapamiętywanie dźwięków.
- Uważne słuchanie i słyszenie własnego głosu.
- Wzrost umysłowej i fizycznej sprawności.
- Stymulacja ucha wewnętrznego.
- Poprawa pamięci krótkotrwałej.
- Pobudzenie wyobraźni.

8. Energetyczne ziewanie

Opis ćwiczenia:
Masuj okolice stawu skroniowo-żuchwowego po obu stronach twarzy. Jednocześnie wydychaj powietrze, starając się wywołać ziewanie. Opuść powoli szczękę, udając, że ziewasz – wydaj głęboki i relaksujący odgłos ziewania.

Cele:
- Kształtowanie percepcji sensorycznej i motorycznych funkcji oczu i mięśni.
- Dotlenianie organizmu.
- Poprawa komunikacji.
- Rozwój umiejętności twórczego pisania i wystąpień publicznych.

9. Motyle na suficie

Opis ćwiczenia:
Podnieś głowę do góry. Nosem kreśl leniwe ósemki w powietrzu.

Cele:
- Poprawa mechanizmu czytania i pisania.

ĆWICZENIA KREATYWNE

1. **Tworzenie słów**

Opis ćwiczenia:
Dokończ słowa i dopisz litery do podanych początków słów tak, aby powstały nowe rzeczowniki, czasowniki lub przymiotniki.

austr- but-   zesz- ksią- bran- sam-   tyg-   kro-
ind-   ek-   pie-   zap-   modl- bib-   arg-   czes-
paw-   kar-   war-   nis-

2. **Przeczytaj głośno teksty:**
- W trzęsawisku trzeszczą trzciny, trzmiel trze w Trzciance trzy trzmieliny, a trzy byczki znad Trzebyczki z trzaskiem trzepią trzy trzewiczki.
- Byczy bzyg znad Bzury zbzikowane bzdury, byczy bzdury, bzdurstwa bzdurzy i nad Bzurą w bzach bajdurzy, byczy bzdury, bzdurnie bzyka, bo zbzikował i ma bzika!
- Cześć, Czesiek! Czeszesz się częściej często, czy częściej czasem?
- Czesał czyżyk czarny koczek, czyszcząc w koczku każdy loczek. Po czym przykrył koczek toczkiem, lecz część loczków wyszła boczkiem.
- Dżdżystym rankiem gżegżółki i piegże, zamiast wziąć się za dżdżownice, nażarły się na czczo miąższu rzeżuchy i rzędem rzygały do rozżarzonej brytfanny.
- Gdy Pomorze nie pomoże, to pomoże może morze, a gdy morze nie pomoże, to pomoże może Gdańsk.

- Leży Jerzy na wieży i nie wierzy, że na wieży leży dużo jeży.
- My indywidualiści wyindywidualizowaliśmy się z rozentuzjazmowanego tłumu, który oklaskiwał przeintelektualizowane i przeliteraturalizowane dzieło.
- Na wyrewolwerowanym wzgórzu przy wyrewolwerowanym rewolwerowcu leży wyrewolwerowany rewolwer wyrewolwerowanego rewolwerowca.

3. Zapamiętywanie
Patrz na poniższe słowa przez 4 minuty i postaraj się je zapamiętać. Następnie zasłoń kartkę i napisz, co zapamiętałeś:

mleko mąka chleb woda kasza rękawiczki
nożyczki szalik Koszalin szklanka Warszawa serce

Twórz swoje własne listy słów do zapamiętywania.

4. Rysowanie z pamięci
Przyglądaj się tej figurze przez dziesięć sekund, a następnie zakryj ją kartką papieru i narysuj z pamięci:

5. Ćwiczenie dłoni

Ściśnij mocno opuszki kciuka i palca wskazującego prawej ręki. Powtórz ten ruch z palcem środkowym, serdecznym i małym – jeden po drugim. Powtórz to ćwiczenie 20 razy dla każdej ręki. Wykonuj to ćwiczenie 2 razy dziennie. Postaraj się zmieniać tempo.

6. Tworzenie słów

Zacznij więcej pisać ręcznie, np. zapisuj swoje wspomnienia. Każdego dnia stronę. Przygotuj listę zakupów, listę zadań na każdy dzień. Napisz listy do przyjaciół. To ćwiczenie stymuluje mózg i polepsza zdolność tkanki nerwowej do tworzenia nowych połączeń.

7. Ćwiczenia niedominującej ręki

Każdego dnia zrób coś innego za pomocą niedominującej ręki, np. umyj zęby, zjedz posiłek, otwórz drzwi. To pomoże w rozwinięciu nowych połączeń między obiema półkulami Twojego mózgu i we wzmocnieniu aktywności słabszej półkuli.

Do zobaczenia!

Dziękuję Ci za czas, który poświęciłeś lekturze tej książki i na wykonanie wszystkich ćwiczeń, które dla Ciebie przygotowałam. Jestem pewna, że po tych tygodniach zobaczyłeś, że Twoje życie jest w Twoich rękach i naprawdę – bez względu na wiek – możesz się zmienić.

To oczywiście nie koniec.

Jeśli chcesz dalej ze mną dbać o swoją energię, szczęśliwe i zdrowe życie, zapraszam Cię na moją stronę internetową:

Acti50.tv
oraz
Katedorosz.com

Życzę Ci powodzenia w dalszym odkrywaniu siebie
Kasia Dorosz

Spis treści

Od Autora 3

Jak pracować z *Przewodnikiem*? 5
Plan Dnia 6
Rytuał poranny 7
Rytuał wieczorny 8
Temat tygodnia 9

CZĘŚĆ I – ZMIANA NAWYKÓW
1. WDZIĘCZNOŚĆ 13
2. WARTOŚĆ SENTENCJI 15
3. POZYTYWNE NASTAWIENIE 17
4. JAK ZACHOWAĆ ENERGIĘ? 18
5. WYZNACZ CEL! 20
6. CZY MASZ SILNĄ WOLĘ? 22
7. PAMIĘTAJ – BĄDŹ SOBĄ! 24
8. ODPORNOŚĆ PSYCHICZNA 26
9. MOTYWACJA TO STYL ŻYCIA 28
10. POCZUCIE WŁASNEJ WARTOŚCI 30
11. CZYM JEST EMPATIA? 32
12. WYBACZENIE 34
13. SKUTECZNE TECHNIKI MOTYWACYJNE 36
14. BĄDŹ ZE SOBĄ W KONTAKCIE 37
15. NIE TRAĆ ENERGII NA NISKĄ SAMOOCENĘ! 39
16. *CARPE DIEM* – CHWYTAJ ŻYCIE 41

CZĘŚĆ II – NIE TRAĆ ENERGII!

1. ENERGIA A STRES 45
2. POZYTYWNE NASTAWIENIE DO ŻYCIA 47
3. PLANOWANIE KROK PO KROKU 49
4. TWOJA MOTYWACJA 52
5. AKCEPTACJA 54
6. UPORZĄDKUJ SWOJE OTOCZENIE 56
7. SEN I ODPOCZYNEK 58
8. ASERTYWNOŚĆ 60
9. ZDROWE ODŻYWIANIE I ĆWICZENIA 63
10. GNIEW I ZAZDROŚĆ 66
11. TOKSYCZNI LUDZIE 69
12. ZAOPIEKUJ SIĘ SOBĄ 71

CZĘŚĆ III – GIMNASTYKA MÓZGU DLA DOJRZAŁYCH

Gimnastyka mózgu – wprowadzenie 75
WSPIERAJ SWÓJ MÓZG 77
DWIE PÓŁKULE – JEDEN CZŁOWIEK 79
ĆWICZ I PAMIĘTAJ 82
NOWE DZIAŁANIA LEKARSTWEM NA PAMIĘĆ 84
ĆWICZENIA AKTYWIZUJĄCE 88
ĆWICZENIA ROZCIĄGAJĄCE 94
ĆWICZENIA KREATYWNE 102

Do zobaczenia! 105

www.ingramcontent.com/pod-product-compliance
Lightning Source LLC
LaVergne TN
LVHW051954060526
838201LV00059B/3640